了解佛教

趙國森、趙敬邦、覺泰法師、李葛夫——著

序

李葛夫　寫於志蓮淨苑文化部——二〇一九年暮春

二〇一七年佛誕後，李美賢老師來電志蓮淨苑，談及三聯書店（香港）想找佛教團體合作舉辦「了解佛教講座及考察系列」，講座完成後筆錄成一本佛教簡明的入門書。志蓮文化部覺得這是一個很有意義的講座系列，能令廣大讀者明白正信的佛教，但是佛教起源於印度，經二千多年發展成南傳、漢傳、藏傳三大系統，很難在短短四堂講座作出交代。文化部研究員認為漢傳佛教吸收了西域、南海兩大路線的佛教思想，又融合漢土儒、道兩大思想主流而成為一個多音詮釋的佛教體系，最後成為中華文化不可或缺的元素，遂以漢系佛教來作了解佛教的課題。

這次演講系列，我們首先簡介佛教入華的發展歷史，接著介紹佛教與中國傳統儒、道及各家思想的互相摩盪與融合，這兩個講座分別邀請到佛教志蓮小學前校長、斯里蘭卡凱拉尼亞大學客座副教授趙國森博士及志蓮夜書院導師、泰國國際佛教大學客座教授趙敬邦博士來講述；當大眾對佛教的歷史及教理發展有所了解後，我們邀請了志蓮文化部研究員、香港大學佛學研究中心兼任講師覺泰法師來為大家介紹佛教僧侶在叢林日常生活及修持；最後由筆者講述佛教傳統寺院建築藝術及園林精神。而第五堂考察課則由覺泰法師及筆者導覽志蓮唐式木構叢林及南蓮園池唐式園林景觀，令參加者真切領略到宗教建築、藝術與經典文本，二者同樣圍繞著人類文明聖潔清淨的場域及精神。

人類依其心靈徵向，透過人地互動，將大地轉化成人文世界，當中宗教空間往往居於中心性位置，成為人的安居樂土指標，但空間的存有性一旦具體落實在大地上，又易於受到成住壞空的囿限。唐代詩人杜牧的《江南春》謂：「南朝四百八十寺，多少樓臺煙雨中。」佛教遭受到無數次的無常興替，但佛子的宗教心靈徵向，總是一次又一次地得到歸返。唐朝佛法達於巔峰，隨著因緣，亦消沉在後代的長河中。然而在佛教心靈的喚醒下，一千年後在南方香城，竟又將唐代佛教建築及文化，歸返成就出志蓮淨苑及南蓮園池，藉著這個載體，開展出盛唐的理想文化新徵向，這是我們選擇志蓮及南蓮作為考察課的因素。

這次三聯書店（香港）將四次講座及導賞考察結集成一小書，希望廣大讀者能對佛教有一清晰的脈絡，進而提綱挈領，深入經藏，開拓心靈，得到無盡的法樂及智慧。最後衷心感謝三聯書店（香港）、志蓮淨苑幕後策劃及一眾工作人員，使這本小書順利出版。

第一講

中國佛教發展簡史

講者——趙國森

一——佛教傳入初期的概況

中國佛教發展少說也有二千年歷史，要在兩小時內簡單概括、簡介也不容易，所以主要會圍繞四個階段闡釋，分別是傳入、格義、判教和立宗。第一階段「傳入」，由相傳漢明帝夜夢金人，遣使大月氏國始，後經安世高、支婁迦讖等譯出大、小乘等經典。第二階段「格義」，魏晉時期玄學盛行，國人嘗試以老莊思想比附佛教的般若、空性等教義，而展開交流、論諍、吸收。而第三階段「判教」，南北朝時期開始深入研究漢譯佛典的思想，察覺到佛、道思想的區別，並開始以判教的方法，說明翻譯的大、小乘經典，逐步形成不同的學派。第四階段「立宗」，隋唐時期各派依不同的經典，發展自家的學說，形成具中國思想特質的宗派，如天台、華嚴及禪宗等，令佛教思想成為中國文化不可分割的一部分。

（一）最初傳入的各種說法

佛教傳入中國主要可以分兩種情況發展，一種是漢明帝求法、佛教初傳的史話，另一種是在漢明帝求法之前佛教即已傳入。但在漢明帝求法之前佛教即已傳入之說，可能因為跟道家競爭，而揚言自己立說更早有關。不過要說在更早的時候傳入，就有點過分了。但事實上，當時的確有這種說法流傳，例如先秦說等，不過這說法的可靠性並不高。

先秦說是指有人認為早在先秦時期，佛教就已經傳入中國。當中有三種說法：第一種是「周世佛法已來」說，但這些未必是可靠的說法，因為當時佛教未出現；第二種是孔子已聞「西方有聖者焉」，指出孔子和釋迦牟尼已互知，但這都是附會的講法；第三種是《拾遺記》中指印度使者來華需時五年，現時我們看也認為是附會的講法，不太可靠。

第二點是秦朝說，有人認為秦朝時佛教已傳入中國。因為在《史記．秦始皇本紀》中有「禁不得祠。明星出西方」的記載，指出「不得」是「浮屠」的譯音，因此指出佛教在秦朝時已經傳入中國。後世學者經過考證後也認為這種講法不可靠，也只有片面一兩條資料，難以證明佛教在當時已傳入中國。

再後者，就是西漢末年說。在公元前三世紀印度阿育王時期以後，佛教逐漸傳播到印度西北地區、大夏、安息，並沿著絲綢之路向西域各國流傳。西漢末年佛教傳到了于闐、龜茲、疏勒、莎車、高昌等地區（今新疆地區），然後再傳入中國。當時中原本土與西域地區的交流頻繁，除了商業活動之外，亦有可能將佛教傳入中國，但古籍記載的資料其實不多。其中魚豢《魏略．西戎傳》稱博士弟子景盧在大月氏的使節伊存來華時口授《浮屠經》，相對是正史的記載，並有一定可信性。加上大月氏是西域佛教盛行之地，在兩地往還的過程中，有中國人想了解佛教亦是可能之事，亦有不少學者支持這種講法。不過呂澂先生則持相反意見，他根據某些日本學者的考證，認為貴霜王朝的前二代是不信佛教的，因此「伊存授經」之說與當地文化和歷史發展未必吻合，需要有更多的考證才能確立這說法。

西漢末東漢初說則比較多人接受，認為西漢末年、東漢初年已經有佛教傳入中國。到漢明帝永平八年（六五年），楚王英曾經「學為浮屠，齋戒祭祀」，對佛教的祭祀有接觸乃至信奉，資料上的記載比較可靠一點。但我們仍然可以見到，只是比較零星的資料，未有全面的記載。也有些學者認為西漢末年大月氏使者伊存向博士弟子景盧口授佛經，雖然可能是確實發生過的，但這只是佛教開始傳入中國的正式紀錄，因未受到朝廷重視，未得到傳播，所以當時還沒有宗教活動。對佛教較全面廣泛傳入而產生的種種活動，仍未在文獻見到有更多的記載。當時的人視佛教如同祭祀形式，並不是全面接觸佛教的經典、思想。

東漢初說是一般佛教徒流傳的說法。漢明帝發夢見到金人，問群臣他所夢見的金人到底是何物，於是有些大臣估計是西方有佛，所以派人到天竺學佛畫圖。後世的文獻不斷為這件事增添說明，甚至連派出的使者都出錯。因此，雖然此說相對較多人接受，但如果從考證文獻看，最初只是簡單描述事件，但後來的記錄一再附會就加添很多錯誤的人物，令人懷疑此說也是否可靠。

其實，西域諸國與當時中國保持頻繁的往還，因此在當時佛教傳人中國是有一定的可能。但到底是大月氏使節口授，還是漢明帝派人抄經，傳入的方法和過程未必有具體的資料證明，除非佛教真正開始普遍，影響到社會大眾和朝廷的皇室大臣開始接觸，就會有比較多的歷史記載，否則歷史很難記載民間小小風俗的轉變。反而有些文獻記載部分信奉佛教的大月氏居民遷至漢地居住，仍舊會保留自身的信仰習俗，有比較大的宗教生活需要，令漢地百姓有機會接觸到佛教，可以推斷當時已有佛教傳入中國的可能。由此可見，雖然西漢末年東漢初年期間，未有大規模的宗教活動，但已見佛教陸續傳入中國的現象。

（二）東漢時佛教傳入中國的情況

佛教正式傳入中國，並開始翻譯經典而具一定水準的，便由安世高開始。安世高大約在一四七年抵達東漢首都洛陽，開始翻譯佛經。因此可以說，佛教真正傳入中國最遲可以追溯至公元二世紀中期。

安世高翻譯的佛經，傾向是小乘禪經、禪數，指修禪的方法（禪學）和名相的論典（阿毘曇，又譯作阿毘達磨），這些論典專門分析佛教的教義名相。後來，與安世高同時代的支婁迦讖，於桓帝末年（一六七年）來到洛陽，主力譯出《道行般若經》（緣起性空）、《般舟三昧經》（念佛三昧）、《首楞嚴三昧經》（健行三昧）等有關大乘般若與菩薩乘禪觀的經典。換言之，在公元二世紀後期，大乘佛教和小乘佛教由安世高和支婁迦讖譯出，使國人開始接受佛教。以洛陽為中心的佛教，後來傳播於江淮一帶，進而傳入江南，二人除了翻譯佛經之外，為了令幫他們翻譯的助手也明白佛教經典的教義，還會弘揚講習相關的教說和禪觀；而這些在譯場翻譯的人，後來也會將所習得之佛教教義以講學的形式傳揚開去，使得佛教能在南方流佈。

在支讖從事譯經的年代中，如前面提及，已經有一批月支的僑民，大約數百人入籍中國。所以他們的翻譯可能跟這些僑民有比較密切的關係，以及因應大月支人信仰佛教而立寺、齋僧和舉行各種宗教活動。其中有名僑民叫支亮，從支讖受業，發揚了支讖的學說，再由支亮傳給支謙。支亮是中國佛教史上重要的翻譯家，在南方譯出佛教經典，如《大明度經》、《維摩詰經》，成為一種承傳。當時譯出的經典跟玄學相近，比較容易溝通，可見早期的佛經翻譯雖然依附了道家，使其外觀（禪修、神通）混同於方術（畫符），並被歸於方術一類，可是在已入漢籍的月支民族中，仍舊保持其傳統和文化特點，這對後來佛教傳播而逐漸接近原本的精神，是起了相當作用。

而另一個情況，我們可以見到在宮廷開始有皇室奉佛，如早期的楚王英，到後期建佛寺、造佛像、行浴佛會等陸續出現，使人認為與祠祀、求福的宗教形式相近，但這種理解隨佛教不斷傳入，譯師們陸續翻譯不同的佛經而出現變化。

二——般若思想流通與格義佛教

（一）支謙、朱士行及竺法護的弘傳《般若》和大乘思想（二二二—三〇八年）

我們見到，支亮、支謙承傳了支婁迦讖所傳般若思想，從「訂舊」和「譯新」兩方面下了不少工夫。「訂舊」是將舊譯的經典訂正，可能因為早期第一次譯出時，大家都不是太明白，經過一段時間熟習後，便開始使用較恰當的用語去翻譯，即將舊譯經典修正，或直接重新翻譯，即「譯新」。他在譯出《大明度經》第一卷時指出：「得法意以為證。」指得到真理的意義，作為自己的體會。支謙在注中云：「由言證已，當還本無。」指當體悟之後，再還出本無（空性，真源）。這種道理與玄理提出的「得象在忘言」、「意在忘象」等思想相近，指當得到圖像的意思，就要放下文字，當得到真正意義後，就連圖像也要忘記。可見玄學討論的內容與早期《般若經》提出的無相等道理相似，於是兩者之間開始出現格義的融合情況，借用固有玄學的思想去理解佛教經典。如果佛教在傳入初期不靠中國固有思想的話，這會更難理解佛教。

後來，支謙到了南方，將經典質樸的直譯逐步改進過來，加多了一些意譯的修飾，於是沒有西域文法的生硬，而更接近中國語言的表達，令人更易理解佛教思想，因此在南方佛教與玄學之間的溝通起了重要的影響作用。

除了支謙之外，還有一位早期中國出家受戒的信徒朱士行，他認為早期翻譯的佛經不多，支婁迦讖所譯的佛經太質樸，不夠具體，因此萌生要到西域求經的念頭。朱士行於曹魏甘露五年（二六〇年）出發前往西域，廿多年間，終於在二八二年在于闐找到般若原本《放光般若》，命弟子弗如檀送回洛陽；十年後（二九一年），始由無羅叉和竺叔蘭譯出。可見朱士行尋找《放光般若》是對於中國人理解佛教般若思想其中一件很重要的事，因為《放光般若》為大品般若，共九十品，與小品系的《道行般若》，是不同系統的般若經，對於西晉人學習佛教作出很大的貢獻。

與朱士行同時，住在敦煌的大月氏僑民竺法護，對西域人往來的接觸較多，他明白由於譯經的質素，典籍的不備，還有對佛教的了解不足，令中國人對於般若產生異解。竺法護希望將佛教更全面地引入，給中國人正確的認識，於是他跟從印度大德竺高座到西域問學，為了通達這些經典，潛心學習三十六國的語言，在求學同時，也搜集不同類型的大乘經典，是佛教經典翻譯傳入中國的重要人物。

竺法護後來回國翻譯（二六六—三〇八年），在四十多年間，譯出一百五十九部，共三〇九卷，包括《光讚般若》、《華嚴經》、《寶積經》、《大集經》、《涅槃經》、《法華經》等各類大乘經，以及《律》、《本生》、《本事》等的典籍，大大擴闊了中國人對佛教思想的了解。而且，竺法護的翻譯水平比較高，忠於原本，較完整保留了原來的內容，同時兼顧直譯和意譯。後來道安對他的翻譯評價很高，並啟發了道安的研究，令道安了解般若與禪法、毘曇的關係。

（二）佛圖澄、道安的譯業與人才的培養（三一〇—四三五年）

竺法護之後，至公元四世紀，有一位著名弘法的僧人佛圖澄。他善於神通、禪修，受後趙王石勒與石虎尊崇，相傳當時的他，已七十九歲高齡，死時年紀很大，約一百一十、二十歲。由於他擅長神通及擁有預知未來的能力，歸依其門下者據說高達一萬，弟子中較傑出者有道安和竺法雅。竺法雅是令中國佛教走向格義的先驅人物，而道安反對用格義。

在中國佛教史上，道安是很重要的人物，將佛圖澄的傳教事業發揚光大。道安在佛圖澄圓寂後繼續在北方弘法，與趙政等人在長安組織了大規模的佛經譯場，以小乘中的說一切有部的典籍為主——如《阿含經》、《阿毘曇》、《毘婆沙》等，兼及大乘經典，對奠定中國佛教基礎起了很重要的作用，例如般若和禪法的貫通，還影響後世對譯場制度的建立。

此外，道安還大量注解佛經、校訂佛典及編撰經錄。經錄是中國人對佛教經典翻譯的記錄，記載不同譯師譯出的佛經，對佛教文獻的整理居功甚偉。還為僧尼建立軌範和制度，成為中國佛教重要的基礎。道安的弟子對中國佛教傳播的影響主要有兩方面：一是弟子慧遠等人南下，為佛教在南方進一步傳播作出了巨大的貢獻；二是繼續留在北方的僧徒成為後來鳩摩羅什譯場的生力軍。由此可見，道安是中國佛教的重要人物。

道安大力反對竺法雅所倡導的「格義佛教」。他認為只是借用中國思想去理解佛教，不是真正的佛教。「格義佛教」指自魏晉時代，繼儒家思想而起的老莊哲學，流行於思想界，因而有憑藉老莊的「無」等觀念，以理解漢譯佛典的傾向，也因而產生混融老莊思想說明佛經的風潮。「格義」指以本土世俗典籍（儒、道）比附、解釋佛教義理的方法，即康法朗、竺法雅所提倡的「以經中事數擬配外書，為生解之例」，如以老子的「無」解釋佛教的「空」、以儒家的「仁義禮智信」五常解釋佛教的五戒「不殺生、不偷盜、不邪淫、不妄語、不飲酒」。這種方法在初期有利於佛教在中國的傳播，但到後來就成為了正確理解佛教義理的障礙。於是，在道安與鳩摩羅什之後，此法逐漸衰亡。

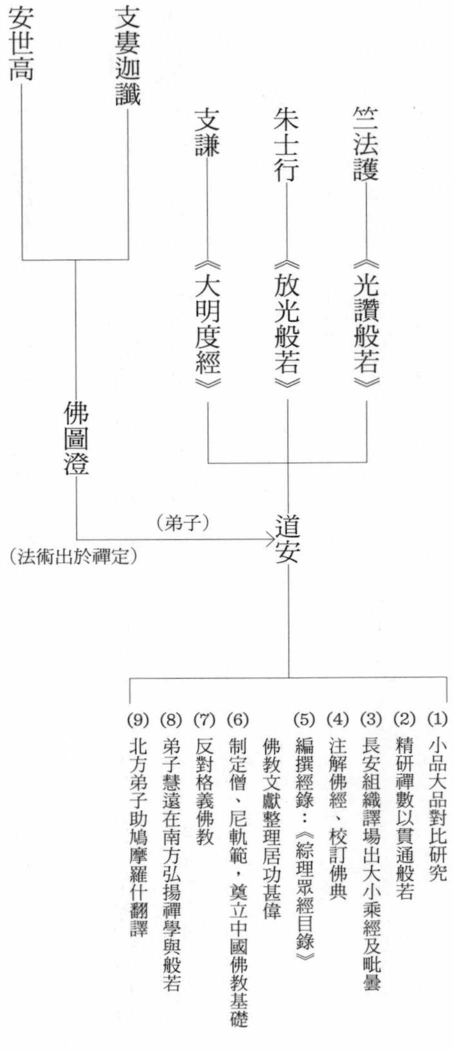

(三) 鳩摩羅什的譯業與人才的培養

鳩摩羅什是佛教翻譯和傳入中國的重要里程碑，因為由他翻譯的佛教典範仍沿用至今。鳩摩羅什翻譯佛經相當嚴謹小心，也用上很多經典，其譯場也有很多人才，比對以往佛經翻譯的水準有重大的改進。

鳩摩羅什被後秦姚興迎入長安後，即在西明閣及逍遙園從事譯經，繼承道安所創的舊規，得朝廷全力支持，遂為國立譯場的開端。鳩摩羅什做了兩種近似支謙的工作，一是新譯，一是重翻，將譯出來的文字修飾，有調和外來語與華語之美。而他翻譯的同時亦會講學，培養出大量的佛教人才，門下號稱三千，與鳩摩羅什一起訂正翻譯的內容，他們後來成為了在不同地方講解佛經的出色僧侶。這對南北朝時期學派思想的發展，有極大啟發和深遠的影響，令中國佛教的講習與研究，進入了一個新興的年代，而有別於由早期「格義佛教」與玄學結合的討論。

鳩摩羅什的弟子僧肇受其師影響，著有《肇論》一書，令越來越多中國學者真正認識佛教，開始意識到傳統玄學格義、六家七宗的思想其實不足以理解佛教，僧肇痛斥當時玄談的般若內容，可見鳩摩羅什對中國佛教影響的一斑了。

鳩摩羅什另一弟子道生，接觸到早期六卷本《泥洹經》說「除一闡提皆有佛性」，但道生從佛性觀念看，認為眾生平等，因此提出「一闡提人皆有佛性」，被當時的人當成異端而走到南方。後來四十卷本《涅槃經》翻譯出來，真的提到一切眾生皆可成佛，於是人們重新看待道生。可見道生是悟性很高的哲學家，由此他亦提出頓悟的思想，認為佛性、法性要整體去理解，修行到第十地金剛喻定成佛前的一剎為之頓悟，是頓悟成佛說的始創人。道生主張的頓悟說，十分吻合中國人的思維，故亦為人所接納，令南北朝佛教的風氣大開。同時，也將鳩摩羅什重視的三論思想，慢慢轉移為探討《涅槃經》的佛性思想，即成佛的可能。整體來看，鳩摩羅什培養了不少佛教人材，也翻譯了不少高質量的佛教經典。

(四) 南方般若思想與玄學思潮

南方般若思想與玄學思潮主要是談論六家七宗。《般若經》在南方傳播的同時，佛教的般若學說與當時流行的玄學思潮相融合，形成了獨具中國特色的般若學流派。即主要活躍於南方，以玄學闡發般若「空」觀，被稱為「六家七宗」。

「六家七宗」即支敏度的心無宗、支遁的即色宗、竺法汰的本無宗、竺法潛的本無異宗、法開的識含宗、道壹的幻化宗和道邃的緣會宗。這七宗的思想，主要把般若所講「性空」與「大智」的主客關聯起來構成一種看法，謂之空觀。這種說法與道家所說的「自然」、「道」相似，用「名教」來理解。於是用「大智」理解「性空」，與用「名教」理解「道」相似，都著重領悟。這就是當時玄學和佛學討論的相似之處。

道安的弟子慧遠主要對南方佛教有幾方面的貢獻：一是宏揚般若中觀、戒律禪修等典籍；二是他自己深入研究般若和禪法，亦曾致書鳩摩羅什請教佛法，鳩摩羅什就其所問，一一作答，而成《大乘大義章》一書；三是撰有《沙門不敬王者論》，指出家人不必向君主行禮，承襲印度出家人為方外之人，主張沙門超越世俗，毋須向王者禮敬，凌駕於君主，如印度婆羅門地位高於皇族。但此主張未能在中國盛行，相反，後來在隋唐時代出現僧統，即由國家選出僧團領導，管理全國的出家人，漸漸成為官職。

三——南北朝至隋唐佛教之學派、教派發展與判教思想

（一）概述

南北朝時期，大小乘佛典翻譯已略具規模，中國人對於佛教的認識已經踏入具體、真實而全面掌握的情況，因此當時有很多出家僧人、學者對佛教經典的研究很有心得，對當時社會有很大的影響力，而出現了不同學派及人物。這些人物包括竺道生等人，提出不少新的見解，令整個佛教界都需要回應，例如眾生皆有佛性、頓悟成佛；地論師對心性的染淨爭議等，以及南方北方學習的傳統與文化差異，因而成立各種學派，這些學派慢慢進展形成教派。

南北朝時期這種經論講習研究的風氣，一直至隋唐不衰，並進一步掌握佛教的理論，提出自身教派重要的思想，含有中國人融會貫通的思想特質，提出「教」與「觀」（修行）的理論，

將不同的佛教經典慢慢匯聚成不同的教派，在融入的過程中，抉擇了當時流行的不同經典，攝取當中的精華，用來組織成自己的看法，形成富有中國色彩的教派，這些寺院在地方上有一定的影響力。當其成為某一個教派時，自然在主張上與其他教派的學說產生對立，例如華嚴宗不會宏揚天台宗的學說。這與南北朝的情況大不相同，其時弘揚地論者，也會講華嚴、攝論，但入到唐代教派興起的年代就不同了。由此可見，隋唐出現的教派，跟南北朝的學派，是一個發展的過程，由起初研究不同的經論，從中汲取不同的見解，到後來發展出一套富有中國思想特色的教說，而形成自己的宗派。

1　學派與教派的區別

據湯用彤的分析，南北朝時期某宗的稱謂，實為學派性質的發生，而所謂「宗」是指宗旨、宗義，核心的道理。因此，一人所主張的學說，一部經論的理論系統，均可稱曰「宗」。南北朝時期對「宗」的意義理解只是指對某一種經、某一種學說的稱呼而已，就像晉代的「六家七宗」。隋唐時期的「宗」，則具有教派的意義，即指有創始人物、有傳授弟子、有信徒、有自身的教義、有教規的大型宗教集團。在南北朝時多是講學風氣，並無強烈的教派形式，沒有自己的寺院、信徒、地方勢力等等。

他又概括隋唐佛教具有四種特性：一，是統一性，指隋唐教派同時具有教義與禪觀兩種結合而成的理論和修行；二，是國際性，隋唐佛教已為中國化，有自身理論，周邊諸國包括西域、朝鮮、日本、越南等地的求法者都會來華，與以中國人為主的宗派大師一起研習探求，不再只是來自印度的譯師；三，是自主性，即佛學不再依附印度的講法，而有自身的教義、道理，在消化印度佛學之後，提出自己新的理論；四，是系統性，對佛教有新的方式理解（即判教），印度佛教傳入中國時太龐雜，又無歷史時序、發展脈絡，傳入中國後，難以一時間消化、理解大小乘之差異等，在這個過程中存在很多問題，於是到隋唐時期佛教大德們運用判教的方法，使不同的派別、互異的經典得到系統的組織和說明，給予一個適當的地位。這判教的方法有助教派間的發展。

另一位學者俞學明透過對唐代教派的總結和分析，認為自隋唐起，中國佛教逐漸完成了中國化，實現了自身的創造性轉化（由印度式轉為中國式），建立起自己的義理、修行，以及綜合教團組織體系內在的一致性，並逐步形成了融攝（將佛教不同系統融入成為某一教派的思想）和排斥（不同宗派之間互相對立）相統一的宗派觀念，構成了中國佛教發展的一個重要向度。

2　南北朝的佛教發展情況

以下我們可以看看南北朝的佛教有哪幾種重要學派：

A　研究《涅槃經》之涅槃學派，學僧有道生、慧嚴、慧觀、曇延等人。

B　研究《成實論》之成實學派（小乘），學僧有僧導、僧嵩等人。這些《成實論》論師，是後來過度至「三論宗」的橋樑，這些論典都是由鳩摩羅什所翻譯出來的。

C　研究《十地經論》之地論學派，學僧有道寵、慧光、法上、淨影寺慧遠等人，此派後分為南道派與北道派，其思想最後融入攝論學派和華嚴宗之內。

D　研究《攝大乘論》之攝論學派的曇遷，本是地論師，後於北地傳揚攝論的思想，令攝論學派大弘於北方。

又中國的禪法，始傳自後漢安世高。其後，道安、慧遠皆修禪觀。北魏佛陀禪師及僧稠也修小乘禪觀，而始傳大乘禪法的是菩提達摩。

此外，因為南北朝時期政治的興替，經常面臨君主滅佛的情況，為了保存佛經，當時的僧人發起開鑿石窟來保存佛經、佛像，間接使佛教藝術也發達起來，除了雲岡、龍門石窟外，陸續有敦煌石窟、麥積山石窟，以及天龍山、響堂山、雲門山、駝山等石窟寺院的雕鑿，以及像房山石經、北響堂山石經等處的石經事業，也是在這時期開始石刻大藏經的偉業。

3　隋唐佛教的發展情況

在隋代唐初的時候，很明顯出現了天台宗、三論宗。而相對地帶有中國佛教特色的天台宗，是從三論宗的基礎上提出了自己的理論和教義。而唐代譯經僧中，最有名的是玄奘法師，大力弘揚了印度護法的唯識思想，成立了法相宗，為我國研究佛學翻譯了很多寶貴的經典資料，但其弘揚的唯識經論始終跟中國人的思維有一定的距離，所以傳了幾代就沒落了。例如提出「五種姓」說，一闡提不能成佛，走回與竺道生主張眾生皆可成佛的對立面。因此，玄奘法師雖譯出了很多印度的佛典（共有七十六部一三四七卷佛典），但只引起一陣子的熱潮，而很快就被法藏的華嚴宗思想所取代了。華嚴宗主張四法界、六相、十玄等法門，發揮一心、本覺的法界緣起思想，認為佛的一心與我們的一心並無差別。

另一個富有中國佛教色彩的宗派，就是禪宗。相傳菩提達磨為開祖，到六祖慧能時，大談頓悟，承接竺道生的一套。加上禪宗不喜歡講太多文字、章句，跟中國人愛簡易，直指本心的思想，非常吻合。因此，禪宗繼天台、華嚴後而興起，成為中國佛教的主流，歷經宋元不衰，並與淨土思想合流，提出禪淨雙修。

（二）判教、學說的傳承與開創

1 南北朝主要教派的思想

南北朝時期各派學者，常有把佛教作全盤了解的傾向，因而研究時也不拘限於一經一論，而叫做通方，即通達一切。其中，涅槃師中有一位重要的人物提出判教，他就是慧遠、鳩摩羅什的弟子慧觀。他是首先對整個佛教的經典進行思考、分析，提出二教五時的判教結構，茲圖示如下（王仲堯，2001）：

教名	頓教	二教				
		漸教五時				
		三乘別教	三乘通教	抑揚教	同歸教	常住教
經典	《華嚴經》	《阿含經》	《般若經》	《維摩》、《思益》等經	《法華經》	《涅槃經》
教義	菩薩具足顯理	聲聞乘說四諦 緣覺乘說十二因緣 大乘說六度	通化三機	褒揚菩薩，抑挫聲聞	會三乘， 同歸一極	涅槃常住

這種判教的思想，對於後來中國人怎樣全面理解傳入的佛教經典，起了很大作用，以及把不同經典的特質，進行系統的分類來加以研究。

又此時有成實師與毗曇師。成實師主要研究《成實論》，「毗曇師」則主要講授「毗曇學」（即對經義的分析說明）。二者都注重系統介紹佛教哲學的基本概念、範疇（五位八十四法），引導初學者學習佛教的基本名相。不過，從事《成實論》或《毗曇》研究的學者一般都同時兼通其他經論，如《大品般若》、《涅槃經》等。

還有，地論師則分南道和北道，南道地論師講我們的心是淨識，即阿梨耶識（後又譯為阿賴耶識）是淨的，與佛性相應；而北道地論師講真妄和合的，第八梨耶是妄，第九識才是淨。由此建立了對心性、佛性的不同看法。流行於南道系的地論師，傾向講梨耶法性能生一切萬法，所以我們本身就具足一切佛的功德，眾生的佛性是先天與生俱來的、現前常住的；另一面北道系地論師講的叫當常，說眾生佛性是後天的，要成佛後始能得到。即指人要透過後天努力，當來才能顯露清淨的佛性，而凡夫現在的心性，是虛妄雜染的，要通過修行，由染轉淨。至於，此派在判教思想上，有南道四宗說和北道五宗說。北道五宗是在南道四宗的基礎上加上華嚴，而叫作法界宗。總括來說四宗，是分為四類。第一類講小乘的「有」；第二類講小乘的「空」；第三類講超越種種法相，即大乘的「空」；最後一類講真實宗，即涅槃、華嚴。但後來再細分，講華嚴的叫法界宗，這樣的判攝成為因緣、假名、不真、真、法界等五宗。以上就是當時地論對全體佛教的判攝思想。茲表列如下：

地論宗的「南道四宗說」、「北道五宗說」判教表

慧光四宗說	因緣宗	假名宗	誑相宗	真實宗	
曇隱四宗說（慧光弟子）	因緣宗	假名宗	不真宗	真宗	
慧遠四宗說	立性宗	破生宗	破相宗	顯實宗	
自軌五宗說北道	因緣宗	假名宗	誑相宗	真實宗	法界宗
相關教說	毗曇	成實	大品三論	涅槃華嚴	法界宗

2　南北朝佛教的核心議題：佛性、心性

中國佛教在東晉、南北朝時期，已不斷地向著佛性論、心性論的核心議題討論。此時期流行的經典，以般若、維摩、涅槃、法華、華嚴、楞伽為主；論典則有《十地經論》、《攝大乘論》、《起信論》、《中論》等為論師們所研習，並逐步邁向佛性、心性等問題為中心，而被中國佛教哲學家所重新創造。這些佛性、心性的議題，在配合著發展了兩百多年的玄學思想和《大乘起信論》的催化作用，令中國佛教哲學確定了以「心」為方向的討論，而不是以「識」為主軸。建構了後來天台宗、華嚴宗、禪宗三大派的一種以「心」為表述的存有學，或以「性」為基礎的存有學論述。

(三) 隋唐主要宗派的思想

1　三論宗

大概來說，由南北朝形成的種種學派思想，到隋唐時慢慢匯集成幾個主要的宗派，而其理論系統也比較全面地提出獨特的見解。例如由隋吉藏創立的三論宗，因依龍樹的《中論》、

《十二門論》和提婆的《百論》等故名。其傳承發展自羅什、僧肇、僧朗以來，就以《大品般若》、《法華經》、《華嚴經》為宗依，至法朗又加《涅槃經》，故隋唐諸三論師的傳記中每每有「四經三論」或「四論三經」之說。

此宗以諸法性空的中道為中心，廣破一切有所得的實有實無諸見，對如來所說經教，不作高下優劣分別，教義主張有：真俗二諦、八不中道、二諦三中：依二諦八不的教理，建立三種中道，即世諦中道、真諦中道、二諦合明中道等。又立二藏、三輪以判一代佛說，二藏是聲聞藏、菩薩藏，或是小乘藏和大乘藏。三輪即指根本法輪（《華嚴經》）、枝末法輪（即《華嚴經》之後，《法華經》之前一切大小乘經）、攝末歸本法輪（《法華經》）。

2　天台宗

天台宗是隋唐佛教宗派之一，因創始人智顗常住浙江天台山而得名，其學統自稱遠肇龍樹，而近由慧文、慧思、智顗、灌頂、智威、玄朗、湛然等歷代相承，以《妙法蓮華經》為宗旨，《大智度論》作指南，《大般涅槃經》為扶疏，《大般若經》為觀法，及以智顗的天台三大部為該宗的根本典籍。

此宗的主要思想是「十如」的諸法實相說和止觀修法，認為三智「一心中得」與「一心三觀」等。所謂十如是如是相、如是性、如是體、如是力、如是作、如是因、如是緣、如是果、如是報、如是本末究竟。所謂三智是般若經的「道種智」、「一切智」和「一切種智」，慧文悟解到此三智於「一心中得」的道理。後慧思繼承此說，並結合《妙法蓮華經》要義，又闡發「諸法實相」之說，慧思兼重定慧，實為以後天台宗止觀雙修的起緣。後智顗發揮，以「一念三千」和「三諦圓融」為中心，形成富有中國佛教色彩的天台宗。

天台智顗的判教非常周密，從時間、內容、教的方式等去分析，於是提出了五時八教說。五時是從時間順序來看，指華嚴時、鹿苑時、方等時、般若時和法華涅槃時；而從形式和內容兩方面又可分為化儀和化法。化儀四教講頓教（全提）、漸教（由小而大）、秘密教（或頓或漸）、不定教（一齊聽法而領會不同），可見教的方式有頓、漸、秘密、不定，在佛教當中密意指有特別的意思藏在其中。另外，又有所謂的化法，即從經典的特質、內容來看，包括四教：有藏教，即小乘；有別教，指《方等經》；有通教，指《般若經》，普及大小乘的人；有圓教，能將佛教的精神圓滿表示出來，如《華嚴經》、《法華經》和《涅槃經》都屬於此。故五時八教說是通過「時」、「法」、「儀」三觀念，將佛陀一代所說之教法總持起來。

3　法相宗

法相宗是唐代玄奘法師所創立，因剖析一切法（事物）的性相而得名；又主張一切境皆不離識，故亦稱唯識宗；又由於玄奘及其弟子窺基常住大慈恩寺，故又稱慈恩宗。此宗創始人玄奘法師，曾遊學印度十七年，回國後先後譯出瑜伽行派的「一本十支」等重要諸論，即以《瑜伽師地論》為一本，《百法明門論》、《五蘊論》、《顯揚聖教論》、《攝大乘論》、《雜集論》、《辨中邊論》、《唯識二十論》、《唯識三十頌》等八論，再加《大乘莊嚴經論》和《分別瑜伽論》兩論合稱為十支。又糅合了《唯識三十頌》印度的十家注釋而編譯了《成唯識論》，奠定法相宗的理論基礎。其弟子窺基，直紹玄奘所傳，有「百部疏主」之稱。窺基之後，慧沼、智周傳承兩代，便逐漸式微。

此宗的判教是依據《解深密經》，判攝釋迦一代教法為有、空、中道三時。第一時有教，於鹿野苑說《阿含經》等；第二時空教，在靈鷲山等說《般若經》等；第三時中道教，於解深密等會，於一切法有即說有，無即說無之有無中道。此三時教的說法，是從年月次第和了不了義來順序區別的。

法相宗的主要教義，從三自性分析諸法，說遍計所執性虛無，依他起性幻有，圓成實性實有，以說明一切法的性質；而解脫上主張轉識成智，即轉有漏八識成清淨四智；又心性上主張五種姓說，認為有一闡提的眾生，不能成佛，這與向來所說一切眾生皆有佛性之說不同。在禪修的觀法上強調五重唯識觀；在思辯的技巧上引入佛教的因明學說，讓國人了解印度的邏輯思想。

4 華嚴宗

華嚴宗也是富有中國佛教特色的宗派，因以《華嚴經》為根本典籍而名；又因實際創始人法藏號賢首，也稱賢首宗；以發揮「法界緣起」的思想為宗旨，又稱法界宗。此宗傳承為杜順、智儼、法藏、澄觀、宗密等。此宗二祖智儼從各方參學，對地論學派的「別教一乘」說、「無盡緣起」說及「六相」義，別有體會。其弟子法藏詳盡發揮他的教規新說，遂創立華嚴宗。

華嚴宗主要教理為法界緣起說，即法界一心為體，緣起為大用，故世間萬有體用相即，圓通一際，自在無礙。並用四法界、六相、十玄等法門，來闡明法界緣起的意義。觀法方面，以法界觀為主。此觀有三重：第一、真空觀。依理法界而立，觀察一切諸法的本性即空；第二、理事無礙觀。依理事無礙法界而立，觀察諸事法與真如理，互相交融；第三、周遍含容觀。依事事無礙法界而立，觀察以同一真如理為本性的一一事，遍攝無礙。又對釋迦一代的教法，判為「五教十宗」。五教即為小乘教、大乘始教、終教、頓教和圓教。十宗指我法俱有宗、法有我無宗、法無去來宗、現通假實宗、俗妄真實宗、諸法但名宗、一切皆空宗、真德不空宗、相想俱絕宗和圓明具德宗。簡要列表如下：

五教	十宗	大、小乘派別	代表經典
小乘教	我法俱有宗	小乘中之犢子部、法上部、賢胄部、正量部、密林山部、經量部等所宗。	《四阿含經》等
	法有我無宗	小乘中之薩婆多部、雪山部、多聞部、化地部等所宗。	
	法無去來宗	小乘中之大眾部、雞胤部、制多山部、西山住部、北山住部、法藏部、飲光部等所宗	
	現通假實宗	小乘說假部及成實論等所宗	
	俗妄真實宗	小乘說出世部	
	諸法但名宗	小乘一說部所宗	
大乘始教	一切皆空宗	大乘始教所宗	《般若經》、《解深密經》
大乘終教	真德不空宗	大乘終教所宗	《楞伽經》、《勝鬘經》
頓教	相想俱絕宗	頓教所宗	《維摩經》
一乘圓教	圓明具德宗	一乘圓教所宗	《華嚴經》、《法華經》

5 禪宗

禪宗是唐代佛教宗派之一，主張修習禪定，故名。佛教傳入中國後，禪學一直獲得廣泛的流傳，在東漢至南北朝時曾譯出多種禪經，禪學成為相當重要的流派，而習禪者亦兼學天台、三論等學。傳說禪宗創始人為菩提達摩，下傳慧可、僧璨、道信，至五祖弘忍而分為南宗慧能，北宗神秀。此宗所依經典，先是《楞伽經》、《思益》，後為《金剛經》、《六祖壇經》等。慧能著名的弟子有南嶽懷讓、青原行思、菏澤神會、南陽慧忠、永嘉玄覺，形成禪宗的主流，發展所及有五家七宗。

慧能弟子	**五家七宗**	
南嶽懷讓傳	溈仰宗	
	臨濟宗	黃龍派
		揚岐派
青原行思傳	曹洞宗	
	雲門宗	
	法眼宗	

禪宗認為修行入道的方法有多途，但究竟不出達摩的二入、四行。所謂理入是「略說修道明心，要法直登佛果」，此即與理冥符無有分別，寂然無為名之理入；所謂行入即「四行」：報怨行、隨緣行、無所求行與稱法行，屬於修行實踐悟入的法門。慧能繼承這一學說，主張捨離文字義解，直徹心源；又說一切般若智慧，皆從自性而生，不從外入。若識自性，當下大悟，便能頓見真如本性。又依《金剛經》提出「無所住而生其心」的定慧旨趣等。

四——宋元及以後的佛教發展

佛教發展至晚唐，便逐漸式微。雖然，宋代仍間有發展，例如禪宗、天台宗、淨土宗等等，義理比較簡明而又能順應世俗的需要者，則仍能輾轉流傳，但理論複雜細密的學派，大都式微，典籍零落。其中，宋代佛教值得一提的是《大藏經》的雕印，計有《蜀版大藏經》、《開寶藏》、《磧砂版大藏經》等等。除此之外，還有贊寧的《宋高僧傳》、志磐的《佛祖統紀》等佛教史傳的撰述。禪宗方面，也有《景德傳燈錄》等史書出現。宋代的佛教是轉型期的佛教，此一時期，經典從印度傳入或翻譯之事漸少，而禪宗則大為流行。在異族統治的遼、金時代，盛行密教及華嚴宗。另有《金刻大藏經》的刊行等。

元代時，佛、道二教屢有爭論，而西藏佛教亦於此時傳入內地。又屬於民間的宗教結社之白蓮教、白雲宗，亦頗為興盛。明代佛教的特色是佛教深入民間，此時佛教已非外來宗教，而是中國人的宗教。它與道教融合，且與百姓生活緊密相連，佛教法會特為盛行。

清代朝廷護持藏傳佛教，建立頗多藏傳佛教寺院。雍正、乾隆二朝曾刊行名為《龍藏》的《大藏經》，並完成西藏語譯大藏經。到了清末，居士佛教抬頭，有楊仁山等人弘揚佛教，並從日本引入散失的佛教經論，創辦金陵刻經處刻印流通。

民初，佛教界大行改革，成立居士佛教團體，佛學研究風氣頗盛。又有日本等現代學者的佛書研究翻譯的出版，以及《海潮音》、《內學》等佛教雜誌的發行。梁皇懺、瑜伽燄口等法事也頗為興盛。佛教團體中，太虛為僧侶的改革派、歐陽漸為居士佛教代表，一時間大有佛教復興的氣氛。

以上就中國佛教發展的概況，簡單地用了兩小時向大家匯報，其間疏漏不全，在所難免，讀者鑒之。

參考書目

●中國佛教協會編：《中國佛教》（一至四冊，北京：知識出版社，一九八〇年）。
●王仲堯：〈南北朝涅槃師的判教及其價值意義〉（《普門學報》第六期，二〇〇一年十一月）。
●呂澂：《呂澂佛學論著選集（卷五．中國佛學源流略講）》（濟南：齊魯書社，一九九一年）。
●湯用彤：《湯用彤集》（北京：中國社會科學出版社，一九九五年）。
●俞學明：〈隋唐佛教「宗派問題」再辨——兼對隋唐佛教不存在宗派說的回應〉（《浙江學刊》二〇一三年二期）。
●藍吉富主編：《中華佛教百科全書》（台南：中華佛教百科文獻基金會，一九九四年）。

第二講

佛教與中國文化

講者——趙敬邦

一——釋題

上一講趙國森先生講及佛教傳入中國的過程時，涉及不少與今天主題有關的介紹，所以這一講會盡量避免重複講解。坊間其實有不少談論「佛教與中國文化」這個題目的書籍和講座，但其內容都比較「蜻蜓點水式」，往往未能就題目作出有意義的結論，亦未能夠對「佛教」與「中國文化」的互動作出價值判斷。我們知道佛教傳入中國後，演變成為了「中國佛教」，但很多學者都對「中國佛教」持批判的態度。為甚麼會出現這種局面呢？我們在這堂課亦會深入一點探討。為了避免剛才所說「蜻蜓點水式」的情況，現在有必要先界定何謂「佛教」與「中國文化」這兩個概念，希望大家能更了解這兩個概念的範圍所在，並建基於這個範圍作出往後的判斷。

（一）何謂「佛教」？

可能大家認為毋須討論何謂「佛教」，但其實「佛教究竟是甚麼」這一問題，在民國時期一度引起爭議，因為當時有大量如「宗教」和「哲學」等外來詞彙傳入中國，不少學者嘗試使用這些詞彙來幫助了解傳統中國文化，當中包括佛教。當時人們討論得最激烈的，就是佛教應該屬於宗教，還是屬於哲學？有人認為佛教既不是宗教，也不是哲學，因為兩者都不能完全講出佛教的精義，如歐陽漸〈佛法非宗教非哲學而為今時所必需〉一文指出：「宗教、哲學二字，原係西洋名詞，譯過中國來，勉強比附在佛法上面。但彼二者、意義既各殊，範圍又極隘，如何能包含得此最廣大的佛法？」；亦有人認為佛教既是宗教，又是哲學，如方東美《中國大乘佛學（上）》所言：「我說：『佛學，亦宗教，亦哲學。』因為任何宗教都要講救贖。［……］所以從這方面看起來，佛教顯然是宗教。［……］希臘的哲學、中世紀的哲學、印度的哲學、中國哲學，仍舊是哲學；但是這幾種哲學的發展都不侷限在科學知識的領域之內。所以我認為佛學『亦宗教，亦哲學。』」正是人們對「佛教」有如此不同的理解，我們於此乃有必要為其稍作界定，以避免使往後的討論欠缺重心。

雖然民國時的討論距今多年，但現在探討佛教到底是宗教還是哲學，還有一定意義。有一些人或會認為，對佛教的批評若來自非佛教徒，則這些批評定必存有偏見而不足信，但事實往往並不如此，一如我不是數學家，但「１＋１＝２」這句話若出自我口，它也不會因為我的身份不是數學家而變得錯誤。同理，對佛教的批評是否合理，亦不取決於這些批評是否出自非佛教徒之口；而有些讀哲學的人，會對佛教作出義理上的判斷，但他沒有接觸佛教中具宗教性質的活動，故其只能對佛教作義理上的討論，而沒有真正的宗教實踐。以上兩種情況均是僅從「宗教」或「哲學」的眼光來看待佛教的結果，從而使我們對佛教的評價或有欠全面，凡此都是吾人應盡量避免的。

我們可以先看看佛教的分類基礎，有戒、定、慧三者。戒者，包括五戒：不殺人、不偷盜、不邪淫、不妄語、不飲酒。佛教認為只要止惡修善，就能「依戒生定」；定者，指禪定，其是要吾人的精神歸於集中和平靜，方法包括如調身、調息、調心等，繼而希望做到「依定發慧」；慧者，用以照見緣起法和真實的智慧，亦即如實觀的智慧，此即為「依慧成聖」。佛教希望藉此三者，做到斷除煩惱，超凡入聖，所以三者不能截然劃分。至於從哪種方法入手，要視乎不同人的性格而定。如梁朝的達摩祖師在相傳由其撰作的《四行觀》中所言：「夫入道多途，要而言之，不出二種：一是理入、二是行入。」假如有些人比較重視理論，則可以嘗試從慧學入手；若有些人比較著重持戒、實踐，則其可以從戒學來進入佛理。

討論至此，我們似只集中佛教的殊性。但我們今天的題目既是「佛教與中國文化」，則佛教當可跟中國文化作出溝通，所以我們不但要著重佛教的殊性，還要強調佛教作為人類思想的共性。佛教包括很多範疇，如剛才提到的戒、定、慧，如果我們再從其他角度切入，則如每個國家的佛教發展史、當中涉及的人物和佛教建築等均是佛教的一部分。由於我們今天的課以理論和思想為主，故先擱下戒學、定學和歷史等範疇，而著重談論佛教的道理，尤其是當中具哲學成分的部分。因此，以下討論所提到的「佛教」，主要指佛教的哲學思想，這點請各位留意。

(二)何謂「中國文化」？

除了「佛教」這個詞語需要稍作界定，「中國文化」一詞同樣須作解釋。我們講到「佛教」時，大致上都能夠知道包括甚麼範疇，其大體內容包含甚麼；但講到「中國文化」時，不同人寫關於中國文化的文章卻可有完全不同的理解，這是因為「中國文化」的範圍實在太大。例如有外國朋友想認識中國文化或香港文化，我們或會帶他去飲茶、吃中菜，這種飲食文化便是最基本的文化；除此之外，我們還有文學、思想，乃至於禮儀等等，這些都可以稱之為中國文化。那麼，我們所謂的中國文化到底指甚麼呢？

我們從常識的角度看，通常文化與文明是有差別的。最簡單的解釋，文明是有形的，其可為吾人看見和觸及；相對而言，文化則是無形的。例如原始人懂得用工具打獵，我們會形容其已進入文明的階段，但原始人仍然茹毛飲血，我們遂不會稱其為有文化的人。這課的題目是「佛教與中國文化」，那麼所講的主要為無形的文化，但無形的文化到底是指甚麼呢？我們在本課中將集中在「思想」。因此，我們所講中國文化的範圍，可以說很狹窄，但其內容卻可說很複雜，當中主要是指儒家思想和道家思想。儒、道兩者應該最能代表未有佛教傳入中國以前的傳統中國思想，所以這課討論的「佛教與中國文化」，也可以理解為是討論佛教與儒家思想和道家思想兩者的關係，至於儒、道以外的範圍則暫不作討論。

（三）本講主旨：「佛教」與「中國文化」的互動

我們看到題目「佛教與中國文化」，很自然地就將重點放在「佛教」和「中國文化」兩者之上。德國哲學家海德格寫有《存在與時間》（*Sein und Zeit, Being and Time*），吾人以為書中最重要的概念是「存在」和「時間」兩者，但其實書中還有一個很重要的字詞，其即是「與」字。因該字是表示書中討論者是「存在」和「時間」的互動關係。同理，我們在討論何謂「佛教」和「中國文化」後，當要說明本課的主旨是討論「佛教」與「中國文化」兩者之間的互動關係，而不是僅把兩者分開討論。因此，我們對討論範圍將界定為佛家與儒、道思想的互動，當中包括：一，佛家如何影響道家；二，道家如何影響佛家；三，佛家如何影響儒家；四，儒家如何影響佛家。

佛教於何時傳入中國，趙國森先生也說過是眾說紛紜的。一般而言，現時人們大多採納的年份，應該是公元六五年東漢明帝的詔書中記楚王英祭祀「浮屠」一事。在此之前，中國本身已經有高度的文化，其尤表現在儒家思想和道家思想兩者上。儒、道兩者就像火車軌一樣，如果一種外來思想希望能在中國走得遠，便必須跟隨火車軌行走。我們發現除佛教以外，中國歷史上還有很多外來宗教曾經傳入，但這些宗教中只有佛教可以行得遠，這在很大程度上可以理解為佛教能順著儒、道這兩條路軌而行；但有趣的是佛教並不只是純粹地或被動地跟著路軌行走，而是反過來影響了這兩條路軌的軌跡。凡此，正是本課討論的重點。

二——佛教與道家

前文提到佛家與儒、道思想的互動主要包括四點，但四點各自的範圍都太大，我們會各自在每一點之中抽取最重要、最有代表性的一項跟大家探討。而佛家思想與道家思想之間，最短期、最直接和對中國文化有著最大影響的，相信是佛教衍生道教的出現。

（一）「道教」的出現

我們看一些道教或由道士撰寫的書籍文獻，不少均指「道教」有幾千年歷史。道士們認為道教的出現可以追溯至黃帝時期，甚至有人認為可以追溯至盤古開天闢地或女媧造人的神話時代。然而，考究「道教」一詞，初見於東漢末年《老子想爾注》。該書相傳為張道陵或其孫張魯所著，所指的道教為「五斗米道」、「太平道」和黃老思想。不過，我們也不能說道士們指道教有幾千年歷史的說法全無根據，因為我們發現道教中的部分元素的確存在了幾千年，但「道教」之名則在東漢末年才正式出現。

（二）道教的主要內容

那麼道教的元素到底指甚麼？我們要先了解道教的主要內容，才能回答這問題。首先，道教講求長生或養生，如葛洪《抱朴子．內篇》記載：「服藥雖為長生之本，若能兼行氣者，其益甚速。若不能得藥，但行氣而盡其理者，亦得數百年歲。」透過借助術士練丹或提供其他修行的方法，以冀助人達到長生不老，此類道教人士統稱為「丹鼎派」。另外，道士如寇謙之等則利用「敕召」、「扶箕／扶乩」和「齋醮」等符咒和儀式以助人們驅神役鬼，藉以希望影響自然現象，這類人物統稱「符籙派」。簡言之，道教主要講長生和法術，這兩點背後存在很多理念和元素，當中不少的確已在中國存在幾千年。

（三）道教元素探源

遠在春秋戰國時期，不少中國人已著重養生，如《楚辭・遠遊》就有提到：「餐六氣而飲沆瀣兮，漱正陽而含朝霞；保神明之清澄兮，精氣入而粗穢除。」可知當時已有吸風飲露和早睡早起是有益身心等說法，而這些說法的出現卻早於有道教的出現。此外，《莊子・逍遙遊》有載：「藐姑射之山，有神人居焉，肌膚若冰雪，淖約若處子；不食五穀，吸風飲露，乘雲氣，馭飛龍，遊于四海之外。」一人可以不依賴任何條件或直接隨風而行，其均容易使人產生各種有關神仙的聯想，凡此可謂是道教神仙觀念的濫觴。

尚有一點非常重要，其即是鬼魂。佛教講人由五蘊構成，而傳統中國人則相信人由「魂」和「魄」所組成。「魄」是指人在生時可以見得到的形相，而「魂」是指精神。傳統中國人認為，人死後沒有魄，但仍有魂。不過，並不是每個人死後都有「魂」，一個人死後有沒有「魂」取決於他在生時的地位。《左傳・昭公七年》中即有討論人死後到底有沒有「魂」的問題：「人生始化曰魄，既生魄，陽曰魂。用物精多，則魂魄強，是以有精爽，至於神明，匹夫匹婦強死，其魂魄猶能馮依於人，以為淫厲，況良霄。我先君穆公之冑，子良之孫，子耳之子，敝邑之卿，從政三世矣，鄭雖無腆，抑諺曰，蕞爾國，而三世執其政柄，其用物也弘矣，其取精也多矣，其族又大，所馮厚矣，而強死，能為鬼，不亦宜乎？」如果一個人在生時地位很高，物質生活豐盛，吸收的營養充足，則其在死後便可以有「魂」的存在。反之，一般人的「魂」比較弱，乃至可能根本沒有「魂」。因此，鬼魂一說亦是道教出現以前即存在於中國人的信仰系統之中。

不得不提的，還有術士。中國自遠古已有術士存在，我們知道秦始皇即有靠術士幫他尋找長生不死之藥，《國語．楚語》亦有載：「古者民神不雜，民之精爽不攜貳者，而又能齊肅衷正，其智能上下比義，其聖能光遠宣朗，其明能光照之，其聰能聽徹之，如是則明神降之，在男曰覡，在女曰巫。」如饒宗頤在《饒宗頤道學文集》考證：「楚人信巫鬼，崇奉『黃神』，使用禹步祝咒之術用以治病。［……］東漢三張之設鬼道，為人治病請禱等等活動，實際上秦漢之際，在楚國地區已是司空見慣。」可知道教的元素於中國已存在數千年。

綜上所述，道教不少元素在中國有悠久的歷史，但道教的出現卻是在東漢末年，期間竟一直沒有道教之名，可知各種元素雖存在已久，但其尚未結合而成一系統和一個宗教。可是在佛教傳入中國後短短幾十年，中國隨即出現道教。究其原因，是佛教為道教之所以出現提供了數個元素。柳存仁在《和風堂文集》即有以下說法：「所謂『像樣子的道教』我指的究竟是甚麼。用我們現代人的說法，一種宗教必須有（一）禮拜的對象；（二）它的教義和戒律這些東西；（三）它的信徒們必須有的經常聚會。」一個宗教必須有崇拜的對象和恆常的聚會，更重要的是必須有理論和實踐。於此，我們可見到佛教對中國文化最直接的影響究竟在甚麼地方。

（四）佛教對道教的促成

佛教刺激道教的出現，最重要在三方面。第一，是修行。中國本身的養生方法，不外乎早睡早起、不要淋雨和煉丹等，現在大家經常吃的豆腐就是煉丹的過程中發現的。而佛教最初傳入中國，首先並不是以般若思想為主，般若思想是在魏晉時期才逐漸傳入中國的。反之，佛教首先傳入中國的典籍均是以禪修方式為主要內容，如安世高譯的《安般守意經》和《陰持入經》等便是關於各種修行的方式。

第二，是儀式。道教未成為具體的宗教時，傳統中國的信仰似沒有明確的儀式，但在佛教傳入中國後，就為當時的中國人帶來各種儀式。如南北朝著名道士陶弘景即主張佛道雙收，其不但親受佛戒，更建佛、道二堂，輪流朝禮，足見佛教對道教人士的影響。

第三，是關於死後世界的看法。這一點是佛教對中國文化最重要和最即時的補足。如前所述，傳統中國人普遍相信有鬼魂，但鬼魂住在哪裏？在中國典籍中，只有偶爾一兩個字如「曹」（陰曹地府）和「黃泉」等有提及死後的世界，但已沒有再深入的討論。佛教則對死後的世界有比較詳盡的討論，其認為人死後可以有下一世，甚至一直輪迴，凡此均補充了中國人對死後世界的想像。加上輪迴之說背後有道德內涵，如《涅槃經》有言：「善惡之報，如影隨形；三世因果，循環不失。」這種善有善報，惡有惡報的主張，強調我們下世以甚麼形態存在，取決於今世的行為；今世以甚麼形態存在，則取決於上世的行為。在佛教傳入中國以前，這種附帶有道德價值的死亡觀在中國似不太明顯，尤其在東漢時期，有關道德的學說大多環繞陰陽五行之說立論，認為一人如果做不好，則會受到上天的懲罰，但佛教所說的報應和自作自受等觀點，卻主張人們要為自己的行為負責。除了理念，佛教還為中國人提供了更為具體的死後世界形象。例如《長阿含經．卷十九》有言：「佛告比丘，閻浮提南大金剛山內，有閻羅王宮……」可見佛教的典籍記載了閻羅王的宮殿，而閻羅王本身並不是中國文化和道教本有的人物，傳統中國人甚至沒有死後世界當有一主宰的想法，但自佛教傳入中國後，上述思想立即為中國人所接受。除了閻羅王，獄卒和牛頭等人物亦見於佛教典籍，如竺曇無蘭譯《五苦章句經》載：「獄卒名阿傍，牛頭人手，兩腳牛蹄，力壯排山，持鋼鐵叉。」凡此，均有助完善傳統中國人的宗教理論和信仰。簡言之，佛教的傳入在義理、修行和儀軌上均對其時中國提供了極大的補足，再配合中國原有的各種如神仙、術士和鬼魂等元素，佛教終衍生道教的出現，這亦為佛教傳入中國後，對中國文化的第一個衝擊。

（五）道教對佛教的攻擊

在中國佛教史上，佛教徒曾強調道家與道教沒有關係，試圖把兩者劃分，認為老子和莊子等的道家思想是優秀的，而道教則是糟糠。的確，在中國歷史上，我們發現道教一方面抄襲了佛教的儀式和若干有關死亡的觀點，但另一方面道教卻不斷攻擊佛教。佛教對道教的攻擊大致採取容忍的態度，因為道教用以批評佛教的一點正是當時佛教的致命傷：佛教是外來宗教，並非中國本土的產物。換言之，佛教在道教徒眼中，涉及到夷夏之辯的問題。

中國歷史上曾出現著名的「三武毀佛」。「三武」指北魏太武帝、北周武帝和唐武宗，三者均曾嘗試把佛教連根拔起，而三者的滅佛行動背後，均有道士進讒言的情況。因此，佛教有意識地將道家和道教分開判析，如道安在《二教論》便有言：「今之道士，始自張陵，乃是鬼道，不關老子。」強調道家思想與道教的分別。

（六）道家接引佛教

在中國傳統的思想中，「無」與「空」表面看來有某程度上是相通的，所以在佛教傳入中國時，道家思想曾扮演著重要的接引角色。我們可以說，如果沒有道家思想，佛教很難傳入中國。事實上，在東漢末年和魏晉南北朝時期，普遍的佛教徒便以道家所說的「無」來闡釋佛教所說的「空」，這一用中國本土思想來闡釋外來思想的做法，史稱「格義佛教」，亦由此衍生「六家七宗」。

牟宗三在《中國哲學十九講》一書中提及：「佛教的『空理』本身並不是玄理，但表現般若智的理路是玄理。道家獨重玄理玄智這一面，其主要貢獻也就在提出作用層上的境界。」要理解佛教有吊詭色彩的說法，就似理解道家思想一樣，例如「般若非般若，斯之為般若」這句說話，指吾人若連般若相都不執著，則反能掌握到般若。「般若非般若，斯之為般若」便與《道德經》「道可道，非常道，名可名，非常名」的玄思相似，當然，「玄」的本義指「深」，如海水的深度便不易為人所看穿，故「玄」亦衍生出「神秘」的意思。道家和佛家的思想並不神秘，但佛教如何表達空理，在表現方式上卻有吊詭的地方。

此外，東晉士大夫孫綽在《喻道論》亦言：「夫佛也者，體道者也。道也者，導物者也。應感順通，無為而無不為者也。」指出佛陀引導大家到達道家的境界，亦表示時人以道家的「無」來比附和闡釋佛教的「空」。換言之，佛教東傳之初，中國人以道家思想作為理解佛教的方式，下表所引即為其中例子：

道家	**佛教**
真人	阿羅漢
本無	般若
道	菩提
無為	涅槃
無	空

（七）六家七宗

當然，以道家思想來闡釋佛教思想，在歷史的角度而言，可謂中國人了解佛教的摸索期。由於「六家七宗」沒有直接的資料流傳下來，我們只能透過後人怎樣評價「六家七宗」，從而對其稍作了解。隋代的吉藏法師在《中論疏．卷二》便提出很多的說法，我們試舉幾個例子：

第一，本無宗。「謂無在萬化之前，空為眾形之始。〔……〕一切諸法，本性空寂，故云本無。」這句等於我們剛才所說的，「無」和「空」兩者是一樣的東西。

第二，幻化宗。「世諦之法，皆如幻化〔……〕從本以來，未曾有也。」此解釋世間種種一切如南柯一夢，其全是吾人自己構想出來。當然，我們現在知道這並不是「空」的意思，但不少時人的確認為佛家所指的「空」，就是指現實世界發生的事情都像是夢境一樣，並不真實。

第三，心無宗：「心無者，無心於萬物，萬物未嘗無。此釋意云：經中說諸法空者，欲令心體虛妄不執，故言無耳。不空外物，即萬物之境不空。」其中「無心於萬物」指心思不為外物所累，這一點似乎符合佛家的意思，但下一句「萬物未嘗無」卻容易使人誤以為佛教主張世界的一切均是實有。若是，則時人對佛教「空」義的理解還是有欠全面。

至此，我們可知用道家思想去比附佛家義理，只會對佛理構成不必要的誤解，而這種做法的徹底改變，有待僧肇。

（八）僧肇的般若學

僧肇（三八四—四一四）的生平，據南梁慧皎的《高僧傳．卷六》載，他「**及在冠年，而名振關輔**［……］**肇以去聖久遠，文義多雜，先舊所解，時有乖謬，及見什咨稟，所悟更多。**」十八歲時已名震天下，在中國佛教史上是天才型的人，連當時的君主後秦文桓帝姚興也命僧肇為其解釋佛學。僧肇已意識到「六家七宗」所了解的佛學其實並不透徹，認為吾人不應該用格義的方式來了解佛教，於是直接問他的老師鳩摩羅什，從而可以對佛教有一較為清楚的了解。

僧肇曾經在〈不真空論〉一文中對「六家七宗」作出批評，尤其針對心無宗的說法，指出其「**心無者，無心於萬物，萬物未嘗無**」和「**即色者**」等說法有誤把萬物視為實有之嫌；又針對本無宗，指其「**情尚於無，多觸言以賓無。故非有，有即無；非無，無即無**」有把一切事情的出現均訴諸於「無」，反對用道家思想去解釋佛家義理。

反之，僧肇提出對般若的正解，他在文中續說，「**若有不自有，待緣而後有者，故知有非真有。**」因為世界萬物都是因緣和合而成，所以「空」即是世間一切法沒有獨立不變的本質；「**有非真有，雖有，不可謂之有矣**」，佛家的「空」並非等於道家的「無」，而其「有」不是常有；「**萬物若無，則不應起，起則非無，以明緣起，故不無也。**」如果萬物本源真的是「無」，那麼應該一直都是「無」的狀態，但世界是「有」，所以本源不可以是「無」。由此，他得出結論：「**然則不真、空義，顯於茲矣。**」非「有」、非「無」，為之「空」，大致掌握「空」的意思。

總括而言，道家思想在接引佛教來華一事上，扮演著重要和積極的角色。蓋在歷史上有不少外來宗教傳入中國，但只有佛教可以成為中國文化的一部分。我們可以說，如果沒有道家思想的幫忙，時人很可能已把佛教排擠在外；另一方面，佛教的傳入刺激了道教的出現。佛、道的關係密切，於此可見。當然，佛、道的互相影響不止於此，例如唐代華嚴宗與《道德經》的推論便有相似的地方，唐代的密宗亦有為道教所影響，惟我們於此對這些內容不擬詳談。以下，即討論儒家與佛教的關係。

三——佛教與儒家

前述的兩條火車軌，道家只是其中一條，另外一條則是儒家思想，其比之道家或更為影響中國人的思維方式和世界觀。

（一）儒家對佛教的約軌

1 竺道生對佛性的闡釋

竺道生（三五五—四三四）和僧肇是鳩摩羅什兩位最重要的弟子。據南梁的慧皎在《高僧傳・卷七》所記，竺道生自言「**夫象以盡意，得意則象忘。言以詮理，入理則言息。**」指出一句說話的背後有其意思，我們若掌握了該意思，則大可不用執著於那句說話是如何表達，而這一主張亦適用於我們閱讀佛典的經驗。如在魏晉時期，大乘經籍《涅槃經》的前身《泥洹經》有「一闡提不能成佛」之說，意指斷滅善根的人不能修道成佛，但竺道生認為這一主張實違反佛教的空理。這是因為一切眾生既然沒有獨立不變的本質，則吾人豈能斷言有一些人是一定不能成佛？正是因為眾生的本質是空，所以原則上每一個人都有成佛的可能。是以，竺道生力排眾議，以為《泥洹經》的說法當不是佛教的了義，其雖被時人所排擠，但他認為只要應理，則經典還是其次。後來《涅槃經》後分傳入中國，其中有「一闡提皆可成佛」一句，才印證了竺道生所言屬實。時人乃請竺道生講解佛理，至講解將畢，竺道生才當場圓寂。

國學大師錢穆對竺道生評價很高，認為如果沒有他，吾人或只會一直盲信經典，而中國佛教也永遠不會出現。竺道生的劃時代意義，是顯示出中國人若對佛教的核心義理能理解透徹，其對佛理所作的闡釋大可比經文表面所述的更加應理；若是根本沒有這種自信，中國佛教亦不會出現後來的天台宗、華嚴宗和禪宗。尤其天台宗和華嚴宗分別認為其理論乃建基於《妙法蓮花經》和《華嚴經》而發揮，但兩者的理論在《妙法蓮花經》和《華嚴經》中卻是找不到的。但經典雖然沒有提及，吾人卻不能因此認為天台宗和華嚴宗的義理不屬佛教。

2　其他有關佛性的爭議

竺道生對佛性的闡釋正好跟儒家思想拉上關係。事實上，每一個人看事情都有其前見，這一前見受很多的因素決定，例如你怎樣理解一句說話，便與自身的語文能力和語言習慣有關，而語文能力和語言習慣又跟其時的社會風氣和個人背景密不可分。錢穆在《中國學術思想史論叢（三）》就提到：「**『一闡提人皆得成佛』，此猶孟子『人皆可以為堯、舜』**。〔……〕**竺道生儼然成為佛門中之孟子，慧能、神會成為佛門中之陸象山與王陽明**。」儒家思想在中國的傳統文化中代表著一種積極樂觀的精神，「人皆可以為堯、舜」強調每一個人都可以向好的方面發展，這一點正好跟竺道生認為的「一闡提人皆得成佛」有共通之處。

雖然竺道生等僧人沒有強調自己的前見是受儒家思想所影響，但中國佛教史上確有不少涉及人性的討論，其均是以有上述儒家色彩的理論勝出作結。第一個例子是地論宗。地論宗分南道地論宗和北道地論宗兩者，其最大的分別在於對人最終的本質所持的態度。據法雲在《翻譯名義集》所言：「**天親菩薩造《十地論》，翻至此土，南北各計，相州南道計梨耶為淨識，相州北道計梨耶為無明，此乃南北之殊也。**」指出南道地論宗認為阿賴耶識（又譯為阿梨耶識）是淨識，而北道地論宗則認為阿賴耶識是染識。以現時的看法，北道地論宗的觀點才較與印度的佛教相應，這是因為阿賴耶識的確不是淨識，而應該為吾人所消滅或轉化，但吊詭的是，在中國歷史上北道地論宗卻被人所唾棄，並且很快消失，反之，南道地論宗卻得以流行，並成為華嚴宗的前身。

第二個例子是唐代的遁倫在《瑜伽論記》所記玄奘法師與其師戒賢法師的對話。唯識宗表面主張「一闡提不能成佛」，玄奘法師卻直言「**若至本國，必不生信，願於所將論之內，略去無佛性之語。**」指出中國人是不會相信「一闡提不能成佛」的，建議刪去這些主張。戒賢法師便斥「**彌離車人解何物，而輒為彼損！**」指中國人對佛教的理解有誤，還好意思繼續損害佛教。從玄奘法師的說法中，我們可發現眾生不能成佛的主張，實不能為中國人所接受。在這一意義下，眾生皆可成佛當為中國人理解佛教的前見，而這一前見又與儒家主張的「人皆可以為堯、舜」在精神上有所相通。

第三個例子是天台宗。隋代的智顗在《觀音玄義》有言：「**問：闡提與佛斷何等善惡？答：闡提斷修善盡，但性善在，佛斷修惡盡，但性惡在。**」表面的意思指一闡提雖然壞事做盡，但其本性是善的；佛陀雖然不會做壞事，但本性仍然保留一些惡性，這一主張形成天台宗著名的「佛具性惡」說。事實上，「佛具性惡」一說極受爭議，以致在宋代時竟被天台宗人所質疑，指出佛具性惡一說或有問題，佛的本性當是清淨無染的，此所以衍生出宋代天台宗的山家和山外之爭。山家派堅守「佛具性惡」之說，而山外派則講如來藏自性清淨心。可見隨時間推移，「佛具性惡」一說漸不為中國人所接受，就如儒家思想中大家推崇的是孔、孟的性善說，而以荀子的性惡說為儒家的末流或歧出；佛教徒則推崇如來藏自性清淨心，而少談阿賴耶識。這一點當與中國人理解佛教的前見有關。

3 佛教中國化

從以上的例子中，可見佛教中有關涉及人性的討論，基本上都是以人性為如來藏自性清淨心勝出作結，而認為阿賴耶識是染識或佛陀具性惡等說法則不為中國人所接受。事實上，儒家思想亦使中國佛家朝著入世的方向發展，並對於社會上各種價值持一肯定的態度，凡此均使佛家思想在印度和中國呈現出截然不同的面貌。

例如佛家思想傳入中國後，強調佛教講孝，五戒即如儒家的五常。唐代的宗密在《盂蘭盆經疏》即有言：「**經詮理智，律詮戒行。戒雖萬行，以孝為宗。**」；北宋的契嵩則在《廣原教》說：「**儒之五常，與佛之慈悲、布施、恭敬、無我、慢智慧、不妄言綺語，為目雖不同，而其所以立誠修行善世教人則一**。」乃至在《六祖大師法寶壇經．疑問品》認為出家與否其實並不重要，重要的是吾人能否解脫。這一修佛不用出家的主張，一方面考慮到佛教徒修佛的需要，另一方面又能顧及儒家侍奉父母的要求，在中國佛教史中可謂一大革命，將整個佛教的面貌改變過來。

(二) 佛教豐富儒家的義理

除了儒家思想影響佛家思想之外，佛家思想亦有影響儒家思想。

我們一般認為儒家思想主張性善，但性善說的內涵究是甚麼卻有爭議。翻查《孟子》，吾人可發現其對性善有自身的界定。《孟子．告子上》記載，公都子引用告子的說話「**性無善無不善也**」，詢問老師孟子的看法，但孟子並沒有直接回應人性是善還是惡，而是指出：「**乃若其情，則可以為善矣，乃所謂善也**。」孟子迴避了人性是否本善的問題，他所講的性善是人可以做好事。若是，則孟子所提出的性善與後人常講的性本善可謂沒有多大關係。

但言儒家主張性本善，則還是正確。這是因為宋代理學家周敦頤在其〈愛蓮說〉一文中有言：「**予獨愛蓮之出淤泥而不染**」，周敦頤獨愛蓮花是因為不論外在環境如何污濁，蓮花的淨性仍不會改變。可見自宋代開始，儒家的性善說就開始帶有性本善色彩，其不但說人可以做好，更強調人的本性就是善。宋明理學常被人批評是援佛入儒，即一方面攝取佛家思想，但另一方面卻不承認吸收了佛教思想。我們知道《三字經》講「**人之初，性本善，性相近，習相遠**」，《三字經》就是始於宋代。儒家思想由孟子講「性善」到宋明理學講「性本善」，實受到佛教的影響，佛家思想對儒家影響之深可見一斑。

除此之外，佛家思想還影響了宋明理學家的修持方式：「靜坐」。在唐代以前的儒者都不講靜坐，但宋代開始的儒者普遍主張靜坐，甚至到明代儒者王陽明開始講「頓悟」。當中著名的例子是王陽明在龍場悟道，《王陽明全集．卷三十八》記載他「**日夜端居默坐，澄心精慮，**

以求諸靜一之中。一夕，忽大悟，踴躍若狂者。」其頓悟了生死的義理，相似於禪宗言下大悟。可見不論義理、實踐，還是論證方式上，儒家思想都為佛家思想所影響。

四——三教趨同

我們知道佛教與道家思想互相影響，佛教與儒家思想亦然，其最終結果，是三者漸漸出現了趨同的情況。

（一）排斥

在中國歷史上，佛教作為外來宗教，由東漢末年傳入至宋代，長期被道教和儒家思想批評和攻擊，除前述的三武毀佛，唐代的韓愈作〈諫迎佛骨表〉，亦為當中著名例子。其時唐憲宗打算供奉舍利子，韓愈大力反對，指出憲宗打算供奉的佛骨是佛陀的手指骨，認為這一做法違反傳統中國人認為死者當入土為安的習俗，故建議把佛骨埋葬。加上時人認為身體髮膚，受之父母，故認為佛教主張剃髮出家實為不孝的行為。足見道教和儒家對佛教的批評實是非常激烈，而長久以來，三教的關係可謂十分緊張。但在三教關係大致呈緊張的情況下，還是有人主張三教的關係應當改善。如華嚴五祖宗密在《原人論》中所言：「孔、老、釋迦，皆是至聖。隨時應物，設教殊途，內外相資，共利群庶。」認為儒、佛、道三者都是有益於人心世道，故毋須互相攻擊，三教當可並存。惟宗密還是主張三教的地位當有分別，這是因為在義理上佛教有權有實，儒家和道教則只有權。換言之，儒、道兩者只是能夠處理世間法的範疇：如其言「推究萬法，彰生起本末，雖皆聖意，而有實有權。二教唯權，佛兼權實。」指出佛教在三者中始終較好，這一主張當然不能為當時的道教徒和儒者所接受。

（二）融通

如前所述，道教是不斷模仿佛教的，隨著模仿的地方愈來愈多，道教是不可能反佛教的，所以從宋代開始，佛、道的關係開始改善。如宋末的道士丘處機在〈磻溪詞・神光燦〉言：「推窮三教，誘化群生，皆令上合天為，慕道修真，行住坐臥歸依。」認為三教可以合一；宋代的僧人契嵩也指出三教無分高下，加上佛教也回應了儒家許多的質疑而變得更為入世，故我們在歷史上可發現一現象，就是三教趨同。儒、道、佛之間的互相攻擊在宋代後逐漸減少；到明代時，更有三教歸一的主張。余英時在《中國近世宗教倫理與商人精神》說：「唐宋以來中國宗教倫理發展的整個趨勢，這一長期發展最後滙歸於明代的『三教合一』，可以說是事有必至的。」可謂以上情況的最佳描述。

五——結語

三教趨同固有值得吾人讚賞的地方，但也有值得批評之處。

（一）優點

不論唐君毅還是湯一介，都指出中國的宗教情況與世界各國的情況有一點不一樣——中國在宗教上是比較少宗教戰爭的。雖然中國有很多戰爭，但很少是由於宗教原因而起的。即使是之前提到的三武毀佛，究其根本都不是因為宗教問題，當時人們爭論的是佛教徒不擅生產，所以才有後來主張自給自足的叢林制度出現。三教的分歧都是理論上的爭辯，而沒有見血。在這一意義下，三教的關係算是圓融。

（二）缺點

但圓融的狀態卻是有利有弊，後者正好就是過於圓融而沒有稜角。在互相包容的情況下，三教都沒有自身的宗教特色，而變得面目模糊。《毅圃》第八期一篇文章提到唐君毅的一番說話：「對典籍先要有正確的理解，然後可談會通；沒正確理解的『會通』，不是會通，而是附會。」的確，儒家講有常，但佛教是講無常，對於同一個客觀事實有不同的闡釋，這也是兩者之間最大的分歧。如果兩者輕易地會通，即大家實是在迴避一些問題。佛、儒的情況如是，佛、道之間的情況亦如是。

（三）回顧與展望

「中國佛教」是一個很困難的題目，佛教一方面為了在中國流傳而要顧及中國的傳統價值，但另一方面，有時若過於接近中國特色，則容易改變佛教的精神，以致不能再稱為佛教。如何可以顧及佛教的身份之餘，又能與中國傳統價值相融，其當是「中國佛教」在未來需要認真思考的問題。

參考書目

● 方立天，《中國佛教哲學要義》（全兩卷，北京：中國人民大學出版社，二〇〇二年）。

● 冉雲華，《從印度佛教到中國佛教》（台北：東大出版社，一九九五年）。

● 印順法師，《中國佛教論集》（北京：中華書局，二〇一〇年）。

● 牟宗三，《中國哲學十九講》（台北：台灣學生書局，一九九九年）。

● 任繼愈，《任繼愈禪學論集》（北京：商務印書館，二〇〇五年）。

● 季羨林，《中華佛教史：佛教史論集》（太原：山西教育出版社，二〇一三年）。

● 洪修平，《中國佛教與佛學》（南京：南京大學出版社，二〇一六年）。

● 唐君毅，《中國哲學原論．原道篇．卷三》（台北：台灣學生書局，二〇〇〇年）。

● 陳金華著、楊增等譯，《佛教與中外交流》（上海：中西書局，二〇一六年）。

● 張曼濤編，《佛教與中國思想及社會》（台北：大乘文化出版社，一九七八年）。

● 張灝，《幽暗意識與民主傳統》（台北：聯經出版，一九八九年）。

● 湯一介，《佛教與中國文化》（北京：中國人民大學出版社，二〇一五年）。

● 霍韜晦，《絕對與圓融——佛教思想論集》（台北：東大出版社，二〇〇二年）。

● 道端良秀著、釋慧嶽譯，《佛教與儒家倫理》（台北：中華佛教文獻編撰社，一九七九年）。

● 鎌田茂雄著、關世謙譯，《中國佛教史》（台北：新文豐，二〇一〇年）。

● Kenneth K. S. Chen, *The Chinese Transformation of Buddhism* (New Jersey: Princeton University Press, 1973).

● *Julia Ching, Chinese Religions* (Hampshire and New York: Palgrave Macmillan, 1993).

● Whalen Lai and Lewis R. Lancaster, *Early Chan in China and Tibet* (Berkeley: Asian Humanities Press, 1983).

● Robert H. Sharf, *Coming to Terms with Chinese Buddhism: A Reading of the Treasure Store Treatise* (Honolulu: University of Hawaii Press, 2002).

● Paul Williams, *Mahāyāna Buddhism: the Doctrinal Foundations* (Oxon and New York: Routledge, 2009).

● Arthur Wright, *Buddhism in Chinese History* (Stanford: Stanford University Press, 1959).

● Erik Zürcher, *The Buddhist Conquest of China: the Spread and Adaptation of Buddhism in Early Medieval China* (Leiden: Brill, 2007).

第三講

佛教叢林生活

講者——覺泰法師

一——叢林的定義

前面講解了佛教發展的情況、佛教與中國文化，接下來兩講將從佛教叢林生活和佛教傳統寺院建築及園林精神兩個比較接近實踐的角度認識佛教。

要說佛教的叢林生活，可以說很久，這一講主要集中於向大家分享叢林的二十四小時到底是怎樣生活的，而叢林建築方面將於第四講講解。除此之外，叢林僧人可以擔任甚麼職事、具體內容又是另外的課題，在此不述。

自佛教傳入中國後，早期不同修持方式的僧侶雜住在一起，到唐代修禪的禪宗弟子愈來愈多，大家生活的作息不一，造成許多不便，因此「馬祖創叢林，百丈立清規」，唐代高僧馬祖道一禪師便成立自己的道場，創立「叢林」，其弟子百丈懷海禪師規定了叢林的生活規約。從此禪宗便有了專屬的修行道場。

早期叢林通常指禪宗寺院，但後世教、律等各宗寺院亦紛紛仿照禪林制度而稱叢林。《禪林寶訓音義》中說：叢林的意義，是取喻草木之不亂生、不亂長，表示其中有規矩法度。又《大智度論》卷三載：僧眾和合居住於一處，猶如大樹聚集之叢林；又以芳香之檀木比喻佛門龍象所住之清淨叢林，故亦稱檀林。另據《大乘義章》記載，叢林能成就僧眾的智慧、禪定等功德，故又稱功德叢林。

叢林可能有幾百人，甚至幾千人一起生活，所以一個大的叢林中可能包含有佛學院的學生、禪堂的禪僧、寺廟的職事、清眾等不同的成員。叢林會因應時代不同、各寺廟需求、人數多寡等不同因素而有不同的調整，但其精神是一致的，大家都以增長自己的道業為原則而一起生活。學佛多年的大家未必知道叢林的生活是如何運作，而初學者在毫無基礎下更不知道叢林是如何生活，所以鼓勵大家，如果因緣許可最好是入佛學院從頭開始學習，因為學生的作息相對來說比較單純，容易符合常規。所以這一講將以筆者所經歷的佛學院生活為重點來介紹叢林生活。

二——叢林生活的一天

（一）板聲、鐘聲

叢林的一天是以「板聲」揭開序幕的。「板」，是佛教的「法器」之一，用來報時、報事。而「打板」是禪林的用語，指在叢林中敲擊木板，發出聲響，以告示眾人，用於集合大眾。《洞上伽藍雜記略》云：「**禪堂內外、及方丈庫院，處處懸掛大板、小板。隨時依事，或擊一下、二下、三下，乃至長擊，用以報眾。諸清規中，有其定則**。」在叢林裏每日「從一板到五板」，以板聲提醒大眾一日的作息，時間非常準確，不用戴手錶看時間。不過現在比較少打板，大多用廣播系統宣佈各種事項，只有特定事情發生才打板通知大眾。

各寺廟道場的「板」因其不同傳承而有不同的樣式。如「一花開五葉」的禪宗道場，五個不同宗派的鐘相同，而板不同，所以看不同禪宗道場的鐘板，就能判別其屬於哪一個宗派。以臨濟宗為例，其常用「板」為木料所製成；其量度大小，一般來說：板長一尺八寸、寬一尺一寸、厚約二寸，上方切除兩角。另外還有一種板叫雲板，因其形狀像雲形而命名，以銅製造。臨濟宗道場所掛的鐘板，就是上頭掛一個鐘，下邊橫一塊板，代表「豎窮三際、橫遍十方」。正確來說是鐘表體，板表用，一天中常常提醒大眾「從體起用、攝用歸體」。

打板這動作非常講究，而且有規律。每天清晨，當板聲劃破寂靜的長夜，先打三板，再打四板，緊接著打五板。打板打得好與壞，其實有很大差別。聽其打板聲，就能知道打板者的心情，是急忙還是從容。要打板打得好聽，其實不容易，打板的位置、力度、方式，都會影響打板的聲音。打板之後和大鐘對接，然後大眾就要披上袈裟於鐘聲中到指定地點排班。大眾排班，亦講求衣物整齊劃一，在第一陣鼓中魚貫地行入大殿準備早課，諷誦經咒，正式開始一天的行持生活。

自古以來，寺院以「晨鐘暮鼓」來代表一天的開始與結束。叢林鐘鼓敲打方式也有規律，在《敕修百丈清規．法器章》記載：「**大鐘，叢林號令資始也。曉擊則破長夜，警睡眠；暮擊則覺昏衢，疏冥昧。**」一般在早晨先叩鐘、後擊鼓，希望用鐘聲令大眾於清早清醒過來，以及提醒大眾新一天的開始，全寺要動員起來。而到夜晚就先擊鼓、後叩鐘，當暮鼓咚咚，表示偃旗息鼓，大家應該要休息了。晨昏撞鐘擊鼓已成為中國佛寺的一種傳統。叢林一天的作息是始於鐘聲，也止於鐘聲。清晨的鐘聲警醒大眾勿再放逸沉睡，所以敲法是「先急後緩」，先敲快鐘十八下，慢鐘再敲十八下，為一陣，重複三陣，總共一百零八下。夜晚的鐘聲提醒大眾反省慎查己心，去除心靈的污染遠離昏昧，所以敲法是「先緩後急」，慢鐘先敲十八下，再敲快鐘十八下，為一陣，重複三陣，總共一百零八下。

在《毘尼日用》中曰：「**聞鐘聲，煩惱輕，智慧長，菩提生，離地獄，出火坑，願成佛，度眾生**。」聞鐘聲響時，就能放低煩惱。所以寺廟僧人扣鐘時，一邊鳴鐘，一邊唸偈，以無窮悲願，發廣大道心，觀想願文：「**願此鐘聲超法界，鐵圍幽暗悉皆聞；聞塵清淨證圓通，一切眾生成正覺**。」即以虔誠的心祈願聽聞者可以離苦得樂、解脫自在，因此敲的鐘聲「**上徹天堂，下通地府**。」叢林藉著清脆洪亮的鐘聲，令地獄眾生解脫痛苦，覺醒蒼生慧命，轉煩惱成菩提。但願聽見晨鐘的人都能生起歡喜心，迎接美好的一天；聽聞暮鐘者能以安詳的心來入眠。

佛教叢林之中，鳴鐘僧人所需要唸的〈早鐘偈〉和〈晚鐘偈〉如下，從這些詞句中，可以了解僧人在鳴鐘時，是發出何等的悲願。

〈早鐘偈〉：

妙湛總持不動尊，首楞嚴王世稀有。
銷我億劫顛倒想，不曆僧祇獲法身。
願今得果成寶王，還度如是恒沙眾。
將此深心奉塵剎，是則名為報佛恩。
伏請世尊為證明，五濁惡世誓先入。
如一眾生未成佛，終不於此取泥洹。
大雄大力大慈悲，希更審除微細惑。
令我早登無上覺，於十方界坐道場。
舜若多性可銷亡，爍迦羅心無動轉。

南無清淨法身，毗盧遮那佛。
南無圓滿報身，盧舍那佛。

南無千百億化身，釋迦牟尼佛。
南無極樂世界，阿彌陀佛。
南無當來下生，彌勒尊佛。
南無清涼山金色界，大智文殊師利菩薩。
南無峨眉山銀色界，大行普賢願王菩薩。
南無普陀山琉璃界，大悲觀世音菩薩。
南無九華山幽冥界，大願地藏王菩薩。
南無三洲感應護法韋陀尊天菩薩。

〈晚鐘偈〉：

洪鐘初（再、三）扣，寶偈高吟；上徹天堂，下通地府。
上祝佛道昌隆遍十方界具足眾生解脫證三昧門。
三界四生之內各免輪迴九幽十類之中悉離苦海。
五風十雨免遭饑饉之年南畝東郊俱瞻堯舜之日。

干戈永息，甲馬休征，陣敗傷亡，俱成正覺。
飛禽走獸，羅網不逢，浪子孤商，早還鄉井。
無邊世界，地久天長，遠近檀那，增延福壽。
三門鎮靖，佛法常興，土地龍神，安僧護法。
父母師長，六親眷屬，歷代先亡，同登彼岸。

南無清淨法身，毗盧遮那佛。
南無圓滿報身，盧舍那佛。
南無千百億化身，釋迦牟尼佛。
南無極樂世界，阿彌陀佛。
南無當來下生，彌勒尊佛。
南無清涼山金色界，大智文殊師利菩薩。
南無峨眉山銀色界，大行普賢願王菩薩。
南無普陀山琉璃界，大悲觀世音菩薩。
南無九華山幽冥界，大願地藏王菩薩。

南無大乘妙法蓮華經南無法華會上佛菩薩。
南無當山護教伽藍聖眾菩薩。

（二）早、晚課

在鳴鐘之後擊鼓，然後大眾上殿。而擊鼓的方式，講求必須在五分鐘時間內打出「風、雨、雷、電」的內涵。希望能在擊鼓時，藉著雄壯激昂的鼓音，感動龍天護持，祈望眾生離苦得樂；所有修行者去除障礙，福慧增長；法界的地、水、火、風四大元素能夠和諧運轉，致使風調雨順，國泰民安；也藉由鼓聲激勵佛門弟子精進不息。

大眾上殿早課，在大殿排班的時候，也有其先後秩序。早課的內容與程式為：誦〈楞嚴咒〉、〈大悲咒〉、〈十小咒〉、〈心經〉（每月初一、十五早課加唱〈寶鼎贊〉）、唱〈回向贊〉、〈贊佛偈〉、繞念佛號、唱〈發願偈〉、三皈依、誦〈大吉祥天女咒〉，最後唱〈韋馱贊〉。

佛門十分重視做早、晚課，在《南海寄歸內法傳》卷四云：「**五天〔印度〕之地，初出家者。亦既誦得五戒十戒。即須先務誦斯二讚。無問大乘、小乘，咸同遵此。有六意焉：一、能知**

佛德之深遠；二、體制文之次第；三、令舌根清淨；四、得胸藏開通；五、處眾不惶；六、長命無病。」文中指出在早課時好好唱梵唄，會有六大好處：一、能感知佛陀功德深、影響力大；二、能體會經文的意思，又能將散亂浮動的身心安定下來，接下來的佛事也能順利完成；三、誦經能感得舌根清淨；四、運用丹田唱梵唄，能將內心不愉快之氣散發出來，長久練習會中氣十足；五、能不怕面對群眾；六、身體強健長壽。佛陀在《十誦律》卷三十七亦提到梵唄有五種利益：身體不疲；不忘所憶；心不疲勞；聲音不壞；語言易解。

其實早晚課的目的是為了開發、鍛鍊寺院修行者身、心的智慧，透過這種儀式，不但可以強化宗教情操，頌揚佛法，更重要的是提供了佛陀教示的修習方法給予僧人學習。早晚課唱頌梵唄，首要是熟背唱誦的內容，能背熟唱誦時自然就可以隨文入觀；如果不熟悉唱誦的內容，就沒辦法做到隨文入觀。換言之，做早晚課的好處是鍛鍊修行者保持專心、正念，只要一不留神或作白日夢，就很容易唱錯，所以藉此幫助修行者止息或控制極度奔馳的心，達到一個寧靜、禪思的境界。因此，在清晨板聲響起，劃破長夜的寂靜之時，大眾就要開始一天例行的修行程序。在心境恬靜、五慾未萌生之前做早課，可以做到淨化和提升心念的狀態；在日暮或黃昏時做晚課，總攝眾德而歸趣淨土，希望提醒大眾在修行過程中要時時自省，以成佛、度眾生為目標。透過早晚課這些儀式，希望幫助寺院僧人護養身、性，建立道業，達到歸德養於至上的目標。

(三)早齋

在早課唱誦〈韋馱贊〉結束後，就會打四十八下叫香，以示廚房已煮好飯菜，傳來食物的香氣。於是大眾三拜後，步出殿外，排班上齋堂。以前在佛學院最開心的時光就是吃飯的時候，因為一天二十四小時，除了吃飯之外，沒有任何零食可以吃，即使餓也沒辦法，加上佛堂內所有食物都供過佛，所以食物特別好吃。

當齋堂準備好餐具排列整齊，就會先將一些蔬果分發，待大眾進來後才分派熱騰騰的米飯等。齋堂人員見到大眾從遠處排班列隊前來時，就會在齋堂門前先打魚梆三陣，通知齋堂內的行堂，大眾要進來了。大眾慢慢步入齋堂，依序坐下。等大眾坐好，打雲板三陣，表示要開始用齋。過堂吃飯程序如下：合掌唱唸〈供養咒〉：「**供養清淨法身毘盧遮那佛，圓滿報身盧舍那佛，千百億化身釋迦牟尼佛，極樂世界阿彌陀佛，當來下生彌勒尊佛，十方三世一切諸佛，大智文殊師利菩薩，大行普賢菩薩，大悲觀世音菩薩，大願地藏王菩薩，諸尊菩薩摩訶薩，摩訶般若波羅蜜**。」供養十方諸佛菩薩。早齋還會接唱「粥有十利，饒益行人，果報無邊，究竟常樂。」在唱唸〈供養咒〉期間和尚或者首座取七粒米飯給侍者出食。出食時唱唸：「**法力不思議，慈悲無障礙七粒，遍十方普施周沙界**」、「**唵，度利益，莎訶**。」佛門中人在吃飯的過程中，會掛念鬼神一切眾生是否都得到溫飽。

唱完〈供養咒〉之後，維那還會唱〈僧跋〉：「**佛制比丘，食存五觀，散心雜話，信施難消，大眾聞磬聲，各正念！**」提醒大眾在吃飯當下，仍然要提起正念，這也是一堂修行的功課。《禪林象器箋叢軌門》說：「**僧眾入齋堂進食，不著不貪，是為過堂**。」過堂時看到美味的食物，不要因貪心而多吃；看到不喜歡的食物，也不要起瞋心而不吃。「過堂」就是不評論食物的好吃與否，像雲飄過天空沒有痕跡般輕鬆自在，猶如禪宗行者「百花叢林過，片葉不沾身」般灑脫。過堂雖僅是吃飯，但是佛教認為過堂是一堂佛事，前面需供佛、施食，後面有結齋、回向，整個過程顯得非常莊嚴、肅靜。

在叢林當中，過堂吃飯有一套固定的規矩。如果了解這一套規矩，無論身在何處吃飯，都會感到很自在、很享受；如果不了解這一套規矩，過堂吃飯會感到不自在、吃力。通常吃過堂飯每個人會有兩個碗、一個碟子和一雙筷子，前方並排放飯碗（左上）和湯碗（右上），後方緊接放一個菜碟，靠近檯沿橫放一雙筷子。吃飯時，首先用兩手的食指和中指將筷子兩端按住，將筷子九十度轉出桌沿，順勢豎起，就可以取起使用；然後一手持筷子，與另一隻手一起將菜碟移近自己至桌沿；再將左上方的飯碗移至自己的右側，將右上方的湯碗移至自己的左側，就可以開始吃飯。端飯碗時姆指在上，四指在下，呈九十度托住碗，靠近自己嘴邊，另一隻手用筷子夾菜至碗內進食，稱為「龍含珠，鳳點頭」。進食的過程中全程禁語，需要在心中默想五觀：「**計功多少，量彼來處；忖己德行，全缺應供；防心離過，貪等為宗；正事良藥，為療形枯；為成道業，應受此食**。」用飯時，要端身正坐，只坐半張椅子，背要挺直不駝背。雙眼不得左顧右盼，嘴巴不得雜語嬉笑；進食首先吃三口飯，每吃一口飯都要發願：第一口，願斷一切惡；第二口，願修一切善；第三口，願度一切眾生。如果吃完碗內食物後想添飯，就將飯碗放回原本的位置，行堂人員走過，一看就知道要添飯；想要添加的飯量，可用筷子指示，筷子指在飯碗中一半的位置。表示只需要添半碗飯。添菜、添湯的做法亦相同。想添加湯時，如果只要湯水不要湯渣，就將筷子平放在碗邊，如果只要湯渣而不要湯水，就將筷子垂直放在碗中央。還有一點需要注意的是，收進來的飯菜必須吃完，不可以浪費，哪怕是飯渣菜屑都要吃乾淨。修行人用這種方式來時時提醒自己：「**五觀若明金易化，三心未了水難消**。」在齋堂吃飯亦是一種修行，從中培養感恩、惜福的心態。

吃完飯後，將湯碗放在飯碗之上，然後將菜碗推出去，將疊好的飯碗和湯碗放在原本飯碗的位置，再將筷子放在菜碗和飯碗、湯碗之間。如果過堂時有和尚在場，而他想為大眾開示講話的話，他就會將筷子斜放碗邊示意。如果和尚沒有示意講話，且大部分人用齋完畢後，糾察師父就示意大眾結齋。此時為了感謝十方信施的供養，就會在飯後唱〈結齋偈〉回向：

薩多喃，三藐三菩陀，俱姪南，怛姪他，唵，折隸主隸，準提薩婆訶。

所謂布施者，必獲其利益，若為樂故施，後必得安樂。飯食已訖，當願眾生，所作皆辦，具足佛法。

（四）出坡

在早齋之後，大眾有一段時間去出坡。

「出坡」本是叢林功課之一，原本稱作「普請」，指在叢林中普請大眾從事作務、勞役。自從唐代開始確立叢林制度，即遍行各地。《敕修清規》：「**普請之法，蓋上下均力也，凡安眾處有必合資眾力而辦者。**」直至現代，出坡的範圍愈來愈廣，比較動態的有勞動坡務，比較靜態的有文書、美工等工作，每個人都有自己需要負責完成的工作、任務。凡佈施時間、體力、心力成就之勞務，皆稱為「出坡」。

在叢林中，每個人都有一份工作需要獨自完成，但一旦出現特殊情況，需要別人幫忙時，可以私下請師兄弟、義工幫助完成。如果在這種情況下也無法完成，就可以申請人員出坡，常住就會安排更多的人員支援工作，大眾上下合力、分工合作，團結一心，共同為弘揚佛法而貢獻心力。佛學院的每個學生每個星期都有一天下午需要幫忙支援其他單位的工作，藉此也能了解其他人的工作內容，累積不同的工作經驗。換言之，每個人在叢林中都有屬於自己的職事，不過當需要幫助時，仍可以有兩種方式尋求協助。出坡對叢林中的每一個人來說，是建立對常住多方了解的管道，也是提供不同才能訓練的練習方式。由此可見，出坡在佛門中是修福又修慧的法門，特別具兩重意義：一，教育大眾「人生以服務為目的」從利他中完成自利的精神；二，培養大眾相互支援彼此合作，大家共同付出、分享的和合精神，以維持道場、維繫佛法、普利群生，讓正法住世、佛日增輝的宗教情操。

上午七時，即出坡之後，學生該上課的就去上課，職事應工作的就去工作，待中午十一時半左右午齋。

（五）午齋

〈午齋供佛出食〉和〈早齋供佛出食〉的儀軌是幾乎相同的，在前面講及早齋時已詳述，在此不作多說。不過午齋時唸的〈供養咒〉不再是「**粥有十利，……**」，而是「**三德六味，供佛及僧，法界有情，普同供養，若飯食時，當願眾生，禪悅為食，法喜充滿。**」而午供施食台出食時唸的偈咒亦有不同，偈的內容為：「**大鵬金翅鳥，曠野鬼神眾，羅剎鬼子母，甘露悉充滿。**」、「**唵穆帝莎訶**」。這偈中有故事。

大鵬金翅鳥體形像山般巨大。牠餓了就想吃龍，用翅膀把海水搧到一邊去，海底的龍無處可藏，身都露出來了。大鵬金翅鳥把龍叼起來吃掉。牠每一天要吃很多龍才會飽。龍王怕這樣下去龍子龍孫全被大鵬金翅鳥吃掉，龍的眷屬愈來愈少，恐怕要絕種了。於是龍王就來求助於釋迦牟尼佛，請求佛慈悲佛救牠的族群，保護大龍、小龍平安。

佛對龍王說：「如果你們能受持八關齋戒，大鵬金翅鳥就不能吃你們了。」於是龍族全來到佛所，受八關齋戒。受完戒後，佛賜給龍王一件舊袈裟，說：「你把袈裟拆了，分給你的眷屬，每一條龍分一縷袈裟線，繫在龍角上，這樣大鵬金翅鳥就不敢吃你們了。」

龍王回去後，照這方法去做。從此之後，大鵬金翅鳥即使搧乾海水，也只見到佛陀的袈裟，看不見龍。龍王放心了，歡喜地皈依佛，成為佛教的護法。

大鵬金翅鳥沒有龍可吃餓著肚子來見佛，求佛救命。

佛說：「沒有人吃你，你為甚麼來求救命呢？」

金翅鳥說：「世尊！您不公平，慈悲龍，也不應該叫我們餓死啊！我們身體巨大，吃的多，沒龍吃，會餓死，金翅鳥也要絕種了。」

佛說：「不用急！你們不會餓死的。我不要你們吃龍是要你們戒殺，不要和龍結怨。如果你們願意皈依三寶，受持五戒，我會吩咐我的弟子，在每天午齋的時候，送一份齋飯給你們吃，你們自然就可以吃飽了。」於是，大鵬金翅鳥也皈依三寶、受五戒，改吃齋不吃龍了，並且成為佛教的護法。就是天龍八部之一的「迦樓羅」。

《雜寶藏經・卷九》中有一個故事說：佛世時，有一個鬼子母，她是老鬼神王般闍迦的妻子，生有一萬個孩子。但她生性殘忍，專捉別人家的孩子吃。人們無奈，只好去求助於釋迦牟尼佛。佛陀為渡化她，施法把鬼子母最小的兒子嬪伽羅捉來，藏在佛鉢中。於是鬼子母七日之中找遍天下，怎麼找都找不到，非常愁憂懊惱。後來聽說佛陀世尊，有一切智。就來到佛陀面前，請佛陀幫她找出小兒子在哪裏？佛答她說：「妳有一萬個兒子，只是失去一子，為甚麼要苦惱愁憂到處去尋找呢？世間人有的只有一個孩子，或者有的有五個、三個孩子，而妳殺害他們，難道妳沒有想到他們的母親會非常的痛苦嗎？」鬼子母被佛陀感化回答佛：「我發誓現在如果能找得到嬪伽羅的話，從此之後再也不會殺世間人的孩子了。」

佛立即讓鬼子母見到在佛鉢下的嬪伽羅，鬼子母盡了全部的神力，也不能把佛鉢下的嬪伽羅救出來，只好再次求助於佛。佛說：「如果妳現在能受三歸五戒，保證有生之年不再殺生，應當就可以救出妳的兒子了。」鬼子母即立刻如佛所教，受持三歸及以五戒。帶回她的孩子。所以現在佛教寺廟，出家人每次上供的時候，就拿出七粒米飯或者一點麵食到外邊施食，送飯給大鵬金翅鳥、羅剎鬼子母等等曠野鬼神眾吃。

午齋之後有一段時間供大眾午休。到下午一時半，大眾便開始上課、工作。下午四時半至六時是盥洗時間（有些寺廟四時開始是晚課時段），藉這個時間處理一切自己生活範圍的雜務，例如清潔、打掃等。如果之後尚有時間，就可以利用來頌經作修行功課等等。

（六）藥石、晚課

傍晚六時是藥石時間。「藥石」又稱「藥食」，指禪林的晚餐。在佛陀時代，佛制比丘過午不食，到漢傳佛教之後，尤其近代的寺廟，已經很少過午不食。以前有些坐禪的人身體比較弱，容易出現胃部毛病，便會取一石用火烤熱，再用布包裹後放在胃部附近位置，藉此暖胃，因此稱「藥石」。後來衍生成在禪宗寺院稱午後的飲食為藥石，即指晚食，目的是為了療飢渴，而非貪食。現代的出家人到晚上仍需忙碌工作，所以夜晚必須吃藥石，以維持身體健康。每間寺廟的做法不一，部分寺廟會將午齋剩下的食物直接用作藥石，而不再重新烹煮新的食物。

到晚上七時至八時四十五分，便是晚自息時間，亦是時間比較靈活的時段。一般來說，這段時間會由師父、諸山長老開示，或為十方大德教授舉辦講座，或者老師可以用作補課、學生用作舉辦比賽活動等等。如果沒有特別的活動安排，大眾就可以自行到圖書館、課室，完成自己的功課。

到九時開始做晚課。晚課視單日還是雙日，而做不同的課頌，程序如下：誦念《彌陀經》、《懺悔文》，〈蒙山施食〉，誦〈淨土文〉，三皈依等，直至唱畢〈伽藍贊〉而結束。其中〈普賢菩薩警眾偈〉云：「**是日已過，命亦隨減，如少水魚，斯有何樂；大眾當勤精進，如救頭然，但念無常，慎勿放逸。**」每日唸一次，時時提醒自己，人命無常，人生苦短，應及時把握現在，發願好好修行。可見晚課是反省的功課，通過了解經文的意義，而去感受人生的另一番境界。

（七）鼓聲

九時四十分，暮鼓聲起；九時四十五分，接大鐘；然後十時，安板。叢林一天的生活由清晨五板開始，而在二板聲中結束。晚上敲鐘是在臨睡前，大眾會一邊聽著鐘聲，一邊打坐，反省自身在剛剛過去的一天當中，不論對人、對事，還是對物，有哪些決定是對的，又有哪些做錯了，而希望在新的一天中改正過來。鐘聲之後接一板數陣後接二板，結束一天的生活。

三——結語

佛教叢林生活的一天過完了。大家或者發現，過程中並無奇特的地方，其實當中有無限的意義與功能。叢林每日的生活都十分寧靜，從清晨到夜晚，鐘聲與鼓聲配合，不斷提醒修行人要在二六時中精進修行，不論行住坐臥，時時觀照自己的念頭，每一個舉心動念行為動作都要按照叢林的要求和規矩來修行。叢林生活每天從早上四點開始，到晚上十點結束，十幾個小時都忙得非常充實，有些時間用於出坡做務，也有時間聽聞佛法、靜坐思考，只要懂得調配時間，就能讓自己活得身心自在。

以前參與舉辦為期七日的短期出家時，看過第一天過堂吃飯時，戒子們緊張不習慣，而拒絕不吃。通常第一天過堂食物只需要煮平時分量的一半就足夠了，有時還會剩下很多飯菜。過後幾天，大眾的飯量開始增多，煮平時分量的食物甚至不足以應付。到最後一天，甚至要比平日的分量多煮一倍才夠吃。可見經過叢林的訓練到後來，大眾都懂得自在了，自然會放大肚皮吃素菜。

日本道元禪師曾經到中國佛教叢林參學四年。待他自中國回到日本後，有人問他那四年修得甚麼？禪師說：「別無所獲，只得柔軟心。」柔軟心，即忍辱行，屬六波羅蜜行之一。每一個人的心中都有一處堅硬的東西，那是「我慢」，令人產生許多脾氣、難以與人相處。道元禪師這句話的意思是說，只要經過叢林的訓練，就會從中體驗到「無我」，自然就會放下「我」，修得柔軟心。在叢林中修得柔軟心，了解叢林生活的趣味和意義，就能安住身心，笑對人生，感覺身邊的人都是菩薩，叢林生活自然也會非常自在和輕鬆，一切修行就走在正道上了。

第四講

佛教傳統寺院建築及園林精神

講者——李葛夫

一——佛教叢林建築

上一講覺泰法師為大家介紹了佛教叢林生活，但叢林背後的精神是甚麼呢？就讓我們在這一講去理解一下。傳統佛教叢林在建築設計及修行方式是息息相關的。上世紀古建築專家梁思成等人發現敦煌經變圖對佛寺建築描繪得相當完整，能夠充分闡析佛教淨土的理念。因此一般人雖稱佛教的寺院建築為「叢林」，但「叢林」又不單單是指佛教的建築，而是一個立體的修行場域。

（一）中國叢林制度之建立

佛教早在東漢傳入中國。初期西域僧人來華譯經弘教，往往被朝廷安置在一些政府機關居住，此等機關通稱為「寺」。寺慢慢變成僧眾修行的地方，《翻譯名義集》云：

裕師寺誥云：「寺是攝十方一切眾僧修道境界，法為待一切僧經游來往受供處所，無彼無此，無主無客，僧理平等，同護佛法故。其中飲食眾具，悉是供十方凡聖同有，鳴鐘作法，普集僧眾，同時共受，與檀越作生福之田。」

迨魏晉南北朝時，佛法衍盛，僧人得到王侯貴族之支持，從事譯經及修行。其時豪門望族，亦喜捨宅為寺，供養僧團。北魏楊衒之在《洛陽伽藍記》便記載著北魏遷都洛陽後，短短四十年間便建造了一千多座寺院，「**王侯貴臣，棄象馬如脫屣；庶士豪家，捨資財若遺跡。於是招提櫛比，寶塔駢羅。**」可見當時佛寺之盛。

到了唐代，佛教經歷了「三武一宗」的滅佛行動。僧人開始反思過往倚仗皇室貴族的生活模式，為了避免僧團再受到皇室之交互性恩惠與迫害，於是由禪宗僧眾帶頭在僻遠之山林，創建叢林，並依據《梵網經》制定清規，實行「一日不作，一日不吃」的農禪生活。明大建較《禪林寶訓音義》云：

叢林乃眾僧所止之處，行人棲心修道之所也。草不亂生曰「叢」；木不亂長曰「林」，言其內有規矩法度也。

僧眾在叢林生活，必須要有規約，令他們安心修道。一般所謂唐代的《百丈清規》大概是一種很簡單的叢林約章，宋代宗賾到處訪尋《百丈清規》，將其大要撰成〈百丈規繩頌〉，收於《禪苑清規》末卷，以示不忘，今引錄如下：

按百丈大智禪師以禪宗肇自少室，至曹溪已來，多居律寺，雖則別院，然於說法住持未合軌度，故常爾介懷，乃曰：祖宗之道欲誕布化，冀其將來永不泯者。豈當與諸部阿笈摩教為隨行耶？［……］師曰：「吾所宗非局大小乘，非異大小乘，當博約折中，設於制範，務其宜也。」於是創意，別立禪居。

(1) **昔時居律寺　別院啟禪門　大智禪師後　方知祖道尊**

凡具道眼有可遵之德者，號曰長老，如西域道高臘長，呼須菩提等之謂也。既為化主，即處於方丈，同淨名之室，非私寢之室也。

(2) 道德兼隆者　方能嗣祖宗　須菩提雅號　無垢稱家風

不立佛殿，唯搆法堂者，表佛祖親受，當代為尊也。

(3) 入門無佛殿　陞座有虛堂　即此傳心印　當知是法王

所裒學眾無多少，一無高下，盡入僧堂中，依夏次安排，設長連床、椸架，掛搭道具。

(4) 學徒無眾寡　高下入僧堂　道具安椸架　周圍設廣床

臥必斜枕床脣，右脅吉祥睡者，以其坐禪既久，略偃息而已，具四威儀也。

(5) 斜枕床脣臥　安祥右脅眠　暫時調四大　敷坐復安禪

除入室請益，任學者勤怠，或上或下，不拘常準。

(6) 入室參玄理　摳衣請益時　任他勤與怠　上下勿常儀

其闔院大眾朝參夕聚，長老上堂陞座，主事徒眾，鴈立側聆。賓主問酬，激揚宗要者，示依法而住也。

(7) 夕聚晨參處　師徒集會時　陞堂須鴈立　側耳聽玄微

齋粥隨宜，二時均平，其節儉者，表法食雙運也。行普請法者，上下均力也。置十務謂之寮舍，每用首領一人，管多人營事，令各司其局也（主飯者自為飯頭，主菜者自為菜領，餘皆倣此）。

(8) 法食宜雙運　精麤且過時　諸頭分局務　普請責匀齊

或有假號竊形，混于清眾，並別致喧擾之事，即堂司、維那撿舉，抽下本位掛搭，擯令出院者，貴安清眾也。

(9) 不信天真佛　來為假比丘　即時抽掛搭　去矣莫迴頭

或有所犯，即須集眾，以拄杖杖之，焚燒道具，逐從偏門而出者，示恥辱也。

(10) 犯重焚衣鉢　應當集眾人　山藤聊示恥　驅擯出偏門

詳此條制，有四種益：（一）不污清眾，生恭信心故。三業不善，不可共住。準律合用梵壇治之，當驅出院，清眾既安，恭信生矣。（二）不毀僧形，徇佛制故，隨宜懲罰，得留法服，後必悔之。（三）不擾公門，省獄訟故。（四）不洩于外，護綱宗故……

今禪門若無妨害者，宜依百丈叢林格式，量事區分。雖立法防姦，未為賢士。然寧可有法而無犯，不可有犯而無教。推百丈禪師護法之益，其為大矣！

(11) 擯逐成何益　安禪不毀僧　公門無獄訟　祖蓆播嘉聲

後宗賾將此古清規精神，酌情古今，羅列三十事，以作護衛叢林的軌範。

又日本無著道忠禪師在《禪林象器箋》記中峰本禪師〈東語西話〉云：

世稱叢林者，蓋取喻於草木也。法道之所寄，材器之所從出焉。然草木培植則豐；沾濡則榮；霜雪則凋；斧斤則敗。叢林以無上大道為培植；以慈悲喜捨為沾濡；以偷安利養為霜雪；以貪欲瞋恚為斧斤。主叢林者，不諳其培植之道、沾濡之理，則草木病矣！

可見叢林一詞，並非單指寺院硬件建築，而是表徵著佛教修行的種種理念。換言之，即透過叢林的建築群，從而知道怎樣去修行。下面我們試從曼荼羅及「七堂伽藍」的建築體系來看叢林的背後精神。

（二）曼荼羅、七堂伽藍與叢林精神

1　佛教的世界觀

曼荼羅在佛教中象徵世界觀，佛教的世界觀，並非像今日科學家談的宇宙世間，而是以一種人法相融的整體合一觀，人的解脫超越亦即世界的解脫超越。佛教對世界的詮釋，是以須彌山為中心所構成的曼荼羅。

曼荼羅（mandala）舊譯為「壇場」，新譯是「輪圓具足」、「聚集」的意思。藏文《大日經》〈建立曼荼羅的真言秘密藏品〉謂：

曼荼（mand）名為胎藏，羅（la）是完成。

將曼荼及羅合起來的意思，是「胎藏的完成」，意即把大日如來親自證成的境界，用不同的象徵方式表現出來。也就是說曼荼羅是從宇宙實相的內容，生出諸佛境界的表現，透過圖畫、符號、音聲、建築等描述出來的東西。諸佛境界無量無邊，因此曼荼羅的顯現亦是無窮無盡。曼荼羅即是宇宙，宇宙也就是曼荼羅。曼荼羅也就是凡夫（內在小宇宙）與佛、法界（超越的大宇宙）相即一體的場所。曼荼羅的內容千差萬別，可分為四大類：第一是「大曼荼羅」，第二是「三昧耶曼荼羅」，第三是「法曼荼羅」，第四是「羯磨曼荼羅」。

第一種「大曼荼羅」是表示宇宙全體的普通相，上至整個壇場，下至一尊塑像，皆是大曼荼羅。第二種「三昧耶曼荼羅」是指宇宙中每一現象所顯的特殊相。從宗教角度來說，每一位佛菩薩所持的刀劍、法輪、蓮花乃至手印，都是三昧耶曼荼羅，第三種「法曼荼羅」是指一切語言、音聲、文字、名稱所表現的特殊意義，而這些語言、文字在實相立場來說，皆是佛的語言、文字。「法曼荼羅」在密教壇場的表示是「種子字」，即諸佛菩薩的名稱與本誓的頭一個梵字字母，用以隱喻本義的種種功德。

第四種「羯磨曼荼羅」是表示著宇宙間一切事物的活動作用。一切事物是實在的象徵，所以一切的活動是「實在」本身所發的活動，可說是一種立體的曼荼羅。

曼荼羅既然是指凡夫與佛一體化之場所，即超越的大宇宙與內在小宇宙相即的空間。要達到此相即之境界，凡夫要透過身、口、意三密與佛之三密相應。佛之三密遍滿宇宙，相好具足之「大曼荼羅」為如來之身密；以密印及種種標幟表示本誓之「三昧耶曼荼羅」為如來之意密；以種子字、真言密咒而成的「法曼荼羅」為如來之語密；以上三種就是佛的身、口、意三密，而立體的「羯磨曼荼羅」則通貫以上三密。

現實生活既然是羯磨曼荼羅，修行者就是將大宇宙的萬物，完全融入體內，再藉身體把佛的世界擴展到無限大，使自己的身體化為小宇宙，修行者的參與「創造過程」，在西藏密教無上瑜伽續稱為「生起次第」。

「生起次第」是透過假施設，將大宇宙萬物，以造形美術、音樂、禮儀活動等各種形式表現出來，令我們能就基本之感覺，去掌握整體的真理。這個掌握的方法，就是《大日經》卷一〈住心品〉裏所說的「以菩提心為因、大悲為根本、方便為究竟」的實踐，透過善巧方便，在現實世間去究竟曼荼羅。

在施設種種儀軌活動後，我們必須突破這些被再構成的方便相，回歸清淨菩提心，重新掌握解脫之道，這個工夫，相對於先前由胎藏界曼荼羅所表達的「生起次第」，稱為「圓滿次第」，也就是金剛界曼荼羅的世界。

我們在眼色、耳聲、鼻舌等相對之二法，得知一切法皆緣起不實，由之而能對世間相對二法作出超越，由「二」而進至「不二」，此即大乘佛法的悲願精神，為饒益一切有情生命，修行者是要立足在世間法上，觸事而真，以求解脫，此真言密教在修法上有其巧妙之融通，其結合智慧的善巧方便，以動態的外觀，藉儀軌而達悟空性，實有其高明之處。

人與世界的整體合一，除上述密教之曼荼羅之表達外，唯識宗言「唯識無境、攝境歸心」、天台宗言「無情有性」皆是展現這種整全合一。

2 天王護世與世界轉化

須彌山曼荼羅露出水面部分是正立方體，在此立方體的下半部是四大天王及其眷屬之住處。

在《金光明經》詳述了四天王護世之事：

世尊！是故我等名護世王。〔……〕世尊！如諸國王所有土境，是持經者若至其國，是王應當往是人所，聽受如是微妙經典，聞已歡喜，復當護念恭敬是人。世尊！我等四王復當勤心擁護是王及國人民，為除衰患令得安隱。

四天王為甚麼要護世？在《金光明經》有重要的啟示：

世尊！是金光明微妙經典，若在大眾廣宣說，時我等四王及餘眷屬聞此甘露無上法味，增益身力，心進勇銳具諸威德。世尊！我等四王能說正法，修行正法，為世法王，以法治世。

又佛聞四天王之護世，對他們讚歎：

汝等四王若得時時聞是經典，則為已得正法之水，服甘露味增益身力，心進勇銳具諸威德。

四天王之能護世，是由於得受佛法甘露，令其增益身力，具諸威德，英國佛學家僧護（Sangharakshita）曾用四種角度來理解四天王的表法，最後，他總結地說：

四天王象徵著宇宙均衡及和諧的一股力量，尤其是指在天界及人界上（或可說成心理上與精神上）的要塞。他們正象徵著由一處轉昇至另一處的可能性。

四天王既是天界眾生，但他們亦涉足人間，對人世間的種種慾望有所感受，當他們接受佛法的滋養後，他們的心力亦趨向解脫的路上，因而守護人間的修行者。他們雖是下界的天界，但在人間，他們的力量仍然非常大，足以擔當著抑惡揚善，穩定國土的護世監察者。

在現實環境中，我們常見的四大天王造像是置於每一寺院之天王殿內，為甚麼四天王會設於寺院最前之殿宇呢？這正是符合著天王護世而令世界轉化的道理。寺院本身就是一個曼荼羅，四天王是守護著染淨兩界的要塞，亦是推動眾生由染的凡塵世界轉昇至清淨的曼荼羅界。

一所完整的寺院，通稱為「七堂伽藍」或「悉堂伽藍」，而禪宗的七堂，包括有法堂、佛殿、僧堂（僧眾坐禪或起居之所）、庫房（調配食物之所）、山門（又作三門，即具有三扇門之樓門，表示空、無相、無願等三解脫門）、西淨（又作東司淨房，即廁所）及浴室七堂。

這種配置，以中軸線排列著方丈、法堂、佛殿、山門，而東西兩面分別配置著庫堂、浴堂及僧堂、東司，正好與日本禪宗七堂佈局人體表相圖一致。

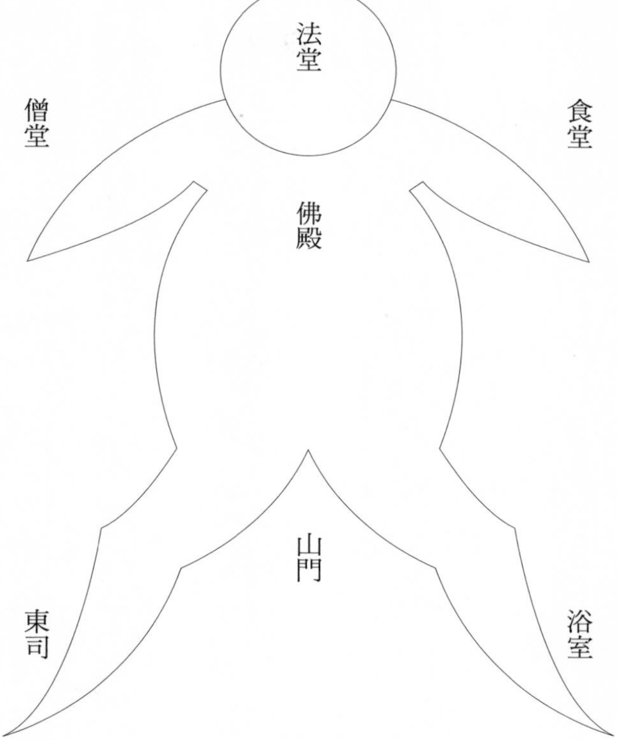

曹洞宗切紙《禪林七堂》

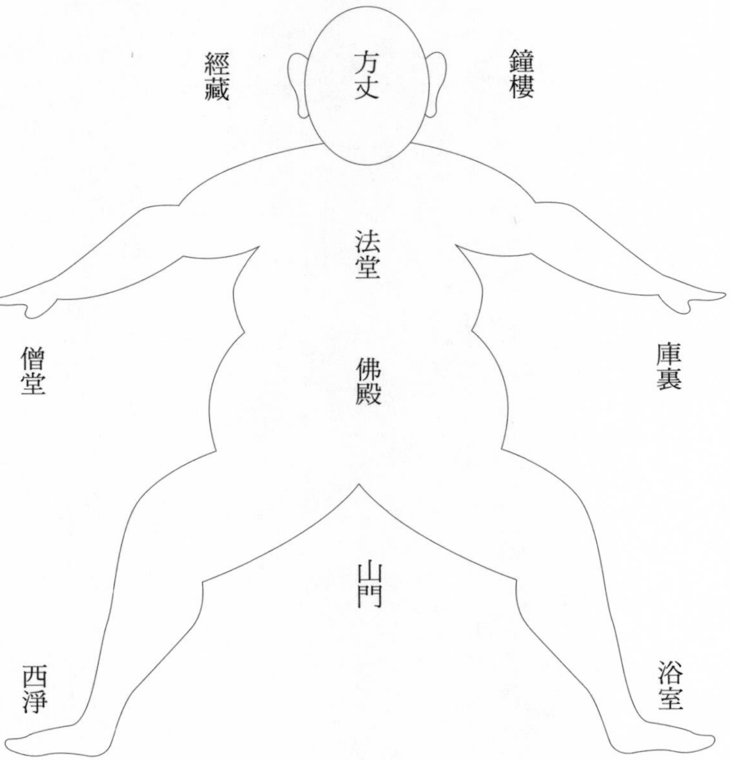
方丈
經藏
鐘樓
法堂
僧堂
佛殿
庫裏
山門
西淨
浴室

平內秘傳書《匠明》

這種以人體各部位來配置叢林佈局，正好與近代瑞士蘇黎世學者 Martin Brauen 將時輪曼荼羅作電腦橫切面完全配合一個完美人體的圖相一致。而叢林這個人形曼荼羅更是一個立體式的「羯磨曼荼羅」，原因是此曼荼羅的形成的背後是整體僧眾的和敬修行，每一堂職事，各盡己責，以衛叢林，今表列如下：

列執次序
- 東序
- 西序

序執位次
- 東序
- 西序

都監	監院	副寺	庫師	監收	莊主
礳頭	寮元	殿主	鐘頭	鼓頭	夜巡
典座	貼案	飯頭	菜頭	水頭	火頭
茶頭	行堂	門頭	園頭	圊頭	照客
維那	悅眾	祖侍	燒香	記錄	衣缽
湯藥	侍者	清眾	請客	行者	香燈
座元	首坐	西堂	後堂	堂主	書記
藏主	僧值	知藏	知客	參頭	司水

傳統寺院有此四十八職事，分統於序、列二執、東西兩序，乃清代以來大叢林之體制。據鎌田茂雄在《中國の佛教儀禮》所輯錄的〈佛教儀式須知〉曾對序列二執作出介紹，「序列二執」的作用是：

叢林建施，有賴執事維持。為眾辦事，盡心服勞者，謂之「列執」，提綱祖道，輔翼門庭者，謂之「序執」。列執則遇缺補，序執則凡新舊，皆以參學淺深，定其位次。

「列執」乃為眾辦事，盡心服務，遇缺則補，正猶行普請法，上下均力之意。而「序執」乃提綱祖道，輔翼門庭，正是置十務寮舍，各司其職，統領大眾。宋代宗賾禪師為提醒各寮職事及大眾，特別做了一篇〈龜鏡文〉，道出各寮職事的設立因由，其文謂：

自爾叢林之設，要之本為眾僧。是以開示眾僧，故有「長老」；表儀眾僧，故有「首座」；荷負眾僧，故有「監院」；調和眾僧，故有「維那」；供養眾僧，故有「典座」；為眾僧作務，故有「直歲」；為眾僧出納，故有「庫頭」；為眾僧主典翰墨，故有「書狀」；為眾僧守護聖教，故有「藏主」；為眾僧迎待檀越，故有「知客」；為眾僧召請，故有「侍者」；為眾僧看守衣砵，故有「寮主」；為眾僧供侍湯藥，故有「堂主」；為眾僧洗濯，故有「浴主」、「水

頭」；為眾僧禦寒，故有「炭頭」、「爐頭」；為眾僧乞丐，故有「街坊化主」；為眾僧執勞，故有「園頭」、「磨頭」、「莊主」；為眾僧滌除，故有「淨頭」；為眾僧給侍，故有「淨人」。所以行道之緣，十分備足，資身之具，百色見成，萬事無憂，一心為道，世間尊貴，物外優閑，清淨無為，眾僧為最。

所有職事，皆為令到叢林僧眾安心辦道，也就是說要建立出一個「輪圓具足」的立體曼荼羅。大眾按年資、能力，各司其職，盡心辦事。而僧眾乃此立體曼荼羅之一分子，故需依循法規，臻於至善，以報職事之恩。〈龜鏡文〉謂：

迴念多人之力，寧不知恩報恩？晨參暮請，不捨寸陰，所以報長老也；尊卑有序，舉止安詳，所以報首座也；外遵法令，內守規繩，所以報監院也；六和共聚，水乳相參，所以報維那也；為成道故，方受此食，所以報典座也；安處僧房，護惜什物，所以報直歲也；常住之物，一毫無犯，所以報庫頭也；手不把筆，如救頭燃，所以報書狀也；明窗淨案，古教照心，所以報藏主也；韜光晦跡，不事追陪，所以報知客也；居必有常，請必先到，所以報侍者也；一瓶一砵，處眾如山，所以報寮主也；寧心病苦，粥藥隨宜，所以報堂主也；輕徐靜默，不昧水因，所以報浴主水頭也；緘言拱手，退己讓人，所以報炭頭爐頭也；忖己德行，全缺應供，所以報街坊化主也；計功多少，量彼來處，所以報園頭、磨頭、莊主也；酌水運籌，知慚識愧，所以報淨頭也；寬而易從，簡而易事，所以報淨人也。所以叢林之下，道業維新；上上之機，一生取辦；中流之士，長養聖胎；至如未悟心源，時中亦不虛棄，是真僧寶，為世福田。近為末法之津梁，畢證二嚴之極果。

職事與僧眾，在叢林中並非處於一種對立角色，而是互相扶持，互相成就，以達於整體和諧。此所以後世叢林，特別重視「六和敬」，六和敬是指：

A 見和同解：修學戒規，養成僧眾正確一致的正見。

B 戒和同行：叢林中，一切大事均要由完具僧格的大眾集議依律平等決定。住持的作用是率領大眾，依律修行，令佛法安住不動，長持不墜。

C 利和同均：叢林一切財產收入均屬公有，後雖允許少量過限的僧物，但必須透過「淨施」制度，公開由大眾交予管理使用，若僧人去世後，財物資產必定歸僧團常住大眾。

此上三者乃叢林和諧合作的本質。

以下三者則是叢林和敬的表現：

D　意和同悅：叢林大眾，在精神上必須志同道合。

E　身和同住：僧眾共同遵守紀律而生活。

F　語和無諍：僧眾所用的語言文字，必須是誠實、正確、和諧及慈悲的。

此六和敬法，源出於《長阿含經》之「六不退法」，乃佛陀告誡弟子護持佛法長存之言。

僧眾朝夕集於法堂，互相激揚，就是為了使法增長無有損耗，故法堂在叢林建築正處人形七堂佈局中軸線上的正中心臟位置，以象徵其為核心。而在整條中軸線上之建築，頭為方丈，即率領整個叢林之大德表徵；中為法堂，以示僧眾凝聚之所在；下為三門，以示空、無相、無願或智慧、慈悲、方便三事。在中軸線東西兩邊，配以庫裏、僧堂、浴室、西淨等寮。這種七堂伽藍之模式，若與胎藏界大曼荼羅比較，我們便可得見當中類同之處。

胎藏界曼荼羅的三重組織，代表著《大日經》「菩提心為因，大悲為根本，方便為究竟。」之中心思想。中央之「中臺八葉院」為整個曼荼羅之核心，代表菩提心德，大日如來住中臺，四佛四菩薩住八葉。八葉蓮華，表眾生八瓣肉團心，示「阿字」本不生，顯一切眾生悉有佛性之理趣。此即猶叢林「法堂」所代表凝聚大眾，激揚宗風，緣至開悟之意旨。

在「中臺八葉院」之上方為「遍知院」，象徵大圓鏡智一切遍知的功德，而上方第二重為「釋迦院」，以化身佛釋迦牟尼為主尊，表示方便攝化德，二者皆有遍知根器，統領大眾之意，此猶叢林方丈住持之作用。而在「中臺八葉院」下方之持明院，象徵平等性智，表示淨除煩惱，入平等實相，而虛空藏院及蘇悉地院則是作為開發中臺大日如來三無盡莊嚴藏的實相而證悟向上的菩薩大眷屬曼荼羅，此猶如叢林之三門（三解脫門）。在「中臺八葉院」的左右諸院，金剛手院主成所作智，表示大智上求；觀音院主妙觀察智，表示大悲下化；其他文殊院、除蓋障院、地藏院皆同於蘇悉地院，屬開發中臺為菩薩大眷屬曼荼羅，此猶叢林庫裏，僧堂各寮以護持僧眾修行，成就道業。

由此可見，寺院的建築及組織，實可視為一個羯磨（立體）曼荼羅，而四天王在寺院前端所作的護世工作，正彰顯著他們在世界的轉化上所擔當的特殊角色。

3　叢林制度的現代精神

叢林制度的精神既是建基在「知恩報恩」及「無住涅槃」的理念上，其在今日現代社會的實踐上自可有新的演繹，相應於「無住」的境界。近時泰國佛使比丘曾提出「法的社會主義」概念作為僧團現代化的管理方向。所謂「法的社會主義」，是指從佛教「無我」、「緣起」的中道實踐以達至宇宙全體的和諧平等。他說：

法的社會主義就是團體裏最根本互相依存的方式，所以團體才能存在，事實的確如此，小自村莊大到整個世界也因此存活下去，若說整個宇宙是個社會主義系統也不過分。天空中無數星辰共存於一個社會主義系統中，我們的小宇宙以太陽為首，包括地球的行星群，是它的衛星，它們共存於一個社會主義的系統中，所以不會互相撞擊。〔……〕時間愈來愈緊迫，追求非法使我們互相傷害，否定人類在自然最應該做的事——相互地施與受，並否定建立防止破壞和分裂的體系，那種分裂否定了世界相互緣起的本質。我們已進入人類道德最淪喪的年代〔……〕我們必須培養自己之所以成為人類的高貴心靈與精神，絕不能讓自己失去人性〔……〕我們必須了解真正社會主義的基礎是佛法、道德、自然律、自然的實相。

美國宗教學者唐納德·K·斯威勒（Donald K. Swearer）曾將此「法的社會主義」開展為三項基本原則，即：一、整體利益原則；二、戒律和布施原則；三、尊重與慈悲原則。第一項原則涉及政治、經濟和社會結構，也就是叢林制度的職事結構，佛使比丘曾提及整個宇宙星辰的平衡，也就是上文所說叢林職事的曼荼羅理念，曼荼羅實際就是個人小宇宙與整體大宇宙的和諧配合。第二項原則涉及個人自律的問題，就整個社群而言，個人應自律地限制過分侵損團體之利益，若從積極面來看，便是分享和布施。斯威勒教授認為：

戒律應該被看作是最恰當的生活方式，而不是限制人類的自由〔……〕在自由民主的資本主義社會裏，趨向將個人的自由權益和群體的利益分開，因而造成兩者處於緊張或競爭的狀態。而在法的社會主義裏，小至原子，大到宇宙，其中一連串互為因緣的條件都與自由有關。因此，戒律應是最恰當的行為，而不是一種限制的觀念，因為它同時兼顧了個人和整體的利益。

這項原則，正好是《長阿含經》「六不退法」之三、四、五法，也與「六和敬」之「戒和同行」、「利和同均」及「身和同住」相合。「法的社會主義」的第三項原則是指引人們對生命具有正確的態度，也就是叢林制度之「見和同解」、「意和同悅」及「語和無諍」的和敬精神。

叢林制度與佛使比丘所開拓的「法的社會主義」精神均需要人的積極主動自覺能力，方能達致徹底的和諧，但現實生活往往因時代環境之變異而有所停滯而產生疲弊的現象，此在歷代政治制度中亦常常出現。宋代贊寧律師在《宋高僧傳．唐新吳百丈山懷海傳》寫了一段很有意思的「系」，他說：

系曰：自漢傳法，居處不分禪律，是以通禪達法者，皆居一寺中，院有別耳。至乎百丈立制，出意用方便，亦頭陀之流也。矯枉從端，乃簡易之業也。所言自我作古。古，故也；故，事也。如立事克成，則云自此始也；不成，則云無自立辟。今海公作古，天下隨之者，益多而損少之故也。謚海公為大智，不其然乎？語曰：「利不百，不變格。」將知變斯格，厥利多矣。《彌沙塞律》有諸，雖非佛制，諸方為清淨者不得不行也。

為了使「客觀化了的精神」能夠重新興發，一種具互相監察的制度必須客觀地落實下來。袁宏在《後漢紀》曾云：

夫稱至治者，非貴其無亂，貴萬物得所而不失其情也。言善教者，非貴其無害也，貴性命不傷，性命咸遂也。故治之與，所以道通群心，在乎萬物之生也。古之聖人，知其如此，

故作為名教，平章天下。

凡一大教必有其崇高之理念，但在踐行的路上均會遇上各種不同的阻滯與困境。中國叢林制度自唐代馬祖及百丈禪師創立以來，歷代祖師亦因時制宜而作出改革，使其適合當代的實際環境。

佛教僧團在香港發展至一九六〇年代，因香港循英國法制對寺院住持去世後須抽取遺產稅，此無異對寺院經濟造成很大的影響，為適應本地司法制度，令政府明瞭寺院乃十方公產，不是住持之私人產業，故在一九六〇年代開始，各大小寺院紛紛依公司法例，註冊為「非牟利有限公司」慈善機構，組織董事會。董事局成員包括有出家僧眾及在家居士，以確保寺院資產全是歸僧團所有，而公眾捐贈善款亦可得發回免稅收據。以志蓮淨苑為例，苑方早於一九四八年成立董事會，至一九六三年再註冊為「非牟利慈善團體」，成立董事局，每年緇素成員定期舉行數次會議，商討苑務發展，於是在香港回歸前後重建安老院，成立文化部、夜書院、中小學推廣教育文化事業，同時又進行龐大的唐式木構建築寺院重建，與香港特區政府合作興建南蓮園池古典園林，並作出管理，藉此作為中華文化的推動平臺。此皆是在叢林制度注入現代管理元素而得出的成果。

二 —— 佛教園林藝術

（一）中國園林的分期

中國園林的分期，一般是按朝代來作區分，即由「上古園林」、「西周園林」、「秦漢園林」、「魏晉南北朝園林」、「隋初、盛唐園林」、「中唐至兩宋園林」及「明清園林」。也有從歷朝園林發展而分為「生成期」（殷、周、秦、漢）、「轉折期」（魏、晉、南北朝）、「全盛期」（隋、唐）、「成熟時期」（兩宋到清中葉）及「成熟後期」（清中葉到清末）。這些方式，都是按著時代的發展而作出分判，直至上世紀八十年代末，上海同濟大學馮紀忠按卡西爾（Ernst Cassirer，1874-1945）所著《人論》（*An Essay on Man*）的觀點，提出新的園林分期觀點。馮氏謂：

各種藝術載體不同，有它自身的規律。因此幾樣東西放在一起來斷代不大可能。這裏，很同

意 Ernst Cassirer 的《人論》中的觀點。我們不能把藝術的東西根據政治來斷代。比如說唐的詩文書畫和宋的詩文書畫，文可能斷在晚唐，詩可能斷到五代，畫可能斷到南宋。所以載體不同，結構不同，不能「一一對仗」。另外有一點想解釋：這樣的分析是否包容了風景園林這樣複雜的現象呢？我認為只能「削盡冗繁」，才能現出本質，現出最活躍的因素。園林最主要是要從人和自然共生這個問題來看。因此，馮氏提出了園林「形、情、理、神、意」五個層面來探析各時代的園林。

（二）「形、情、理、神、意」的園林精神

1 重形時期（春秋至西晉末）

馮氏將園林的出現定在戰國時代，從這時期開始，一直至到西晉末年（約公元前三七〇年至公元四〇〇年）稱為「重形時期」。馮氏概括此重形時期特點為：「**再現自然以滿足佔有慾；鋪陳自然如數家珍；象徵、模擬、縮景，以客體為主。**」

2　重情時期（西晉至唐宋）

此時期佛教已傳入中國，王侯、百官、富豪多捨宮殿、府邸作為寺廟。兩晉南北朝戰亂紛起，大氏族寄情於山水，一般文人退隱於江湖，建築群往往散開到山林風景中，人們進一步欣賞山水，認識自然。

到了唐代，大量城市名園出現，寺廟園林亦定時開放給群眾作為公園遊覽。官員在政治上失意時，往往於居所建造園林，將感情寄托在山水中，並有詩文記錄及描述，如王維的輞川別業、白居易的草堂、李德裕的平泉山莊等。馮氏概括這時期的特點是：「**順應自然以尋求寄托和樂趣；以自然為情感載體；交融、移情、尊重和發掘自然美。**」

3　重理時期（中唐至北宋末）

這時期開始探索山水之理。唐末、五代初，荊浩畫論提出了「六要」，指出畫山水之理，提出山水的「象」和「氣」。馮氏總括這時期特點為：「**師法自然，摹寫情景；以自然為探索對象；強化自然美，組織序列，行於其間。**」

4　重神時期（北宋中後期至元朝）

到了北宋後期，「勢」字才成畫理裏面的勢，有了勢，有了動態，才有神。在山水畫方面，由大軸發展為長卷。長卷要橫展著讀，是連續和具動態的。張擇端的〈清明上河圖〉、王希孟的〈千里江山圖〉都是其中的表表者。有了這樣的長卷畫，加上宋徽宗，便出了「艮岳」這種能表現勢度的園林，有了「艮岳」，才談得上「小中見大」。馮氏認為這時期的特點是：「**反映自然，追求真趣；入微入神；掇山理水，點綴山河，思於其間；是主客體的動勢**」。

5　重意時期（元初至清後期）

元明清三代園林，重在疊石。疊石成為塑造空間的重要手段，加上牆體的運用，使得小中見大成為可能。這個時代，書、畫、印三者合而為一，由含蓄的意境，開出意猶未逮，言有盡而意無窮的趣味，這些都在園林中表現出來。

這時期的園林主要用作抒發靈性，表現情趣，欣賞藝術美、自然美，是超越客體的自由意志之境。馮氏總結這時期的特點是：「**創造自然，以寫胸中塊壘，抒發靈性；解體重組，安排**

自然，人工與自然一體化。」

（三）「與古為新」的松江方塔園

一九七〇年代末，馮紀忠接到政府要在上海松江區規劃建造一座園林。建園地段本為唐宋時期的繁華之地，但幾經戰亂，房屋盡毀，只有一座宋代興聖教寺方塔、明代城隍廟磚雕照壁及塔東南一座石板小橋，且不在同一中軸線保存著。

馮氏覺得此綠化園林應以「與古為新」的精神來規劃。他說：

與古為新，前提就是尊古，尊重古人的東西，要能夠存真，保存原來的東西。〔……〕這些我們都要尊重，這是一個精神。

第二個精神，方塔是最有價值的，所以大家來看方塔，它是主體，因此主體要在全園散佈它原有的韻味。這是個原則，能夠使得它存它的「古」，同時使其能夠顯露或者說加強主體宋塔的韻味。

當馮氏確定以宋代方塔作為園林的中心後，他便以他所提出的「形、情、理、神、意」的園林分期中的「尚神」的宋代精神來建造方塔園，園中所有植物不做人工造型，全園不許出現水泥地，讓宋代的神韻貫通全園。

至於方塔園整個設計為何不取明清，而獨取宋的精神？馮氏認為除了宋代方塔本身傳達出宋的神韻，還有就是宋代的政治開放與文化精神。他說：

（宋代）文化精神普遍地有著追求個性表達的取向。正是這種精神能讓我們有共鳴，有借鑒。所以到了我設計的「何陋軒」，就不僅僅是與我有共鳴的宋代的「精神」在流動，更主要的是，我的情感，我想說的話，我本人的「意」，在那裏引領著所有的空間在動，在轉換，這就是我說的「意動空間」。

馮氏所說的「意動空間」，正像他的老同學貝聿銘在日本設計美秀博物館（Miho Museum）時，將陶淵明〈桃花源記〉的精神、隱逸的意象貫通全個山中博物館一般精巧。

（四）菩薩園林

在日本古代，受佛教思想的影響，便曾經出現過「菩薩園林」。曹林娣在其《中日古典園林文化比較》一書中，談及到一七三五年北村援琴所編著的《築山庭造傳・前編》對「菩薩園」的描述：

《築山庭造傳・前編》對各種造園思想都有說明。在闡述佛教與園林的關係時說：「凡山水皆表示西方淨土曼荼羅，故石悉為佛菩薩明王等御名。又，山島、平沙皆是九品次第」。即認為園林是佛國，而山石等則是諸佛的化身。作為這一思想的具體實踐，古代日本曾出現過一種純佛園林——菩薩園。在這種園林中，置石全部根據菩薩名冠名。《築山庭造傳・前編》對這種園林以圖文進行了解說。

北村對園林的佛教詮釋，正合乎天台宗智者大師所說的以聲為經、以色為經和以法為經的「三塵為經」說，我們發現，這種三塵為經在中國佛教中用得非常巧妙，可以適用於不同地方，例如叢林，早晚兩堂功課便是以聲為經，頌經、法會便是以色為經，參禪等活動便是以法為經。

智者認為佛經的存在形式並非是單以文字經卷而得的知識，只要能達到令心開悟，不管是聲音或各種色相皆是佛經。他提出「用法為經」的說法，無疑是將經的形式無限地擴大成為「法經」，這樣便如同佛的「法身」一樣無處不在，因此，「一色一香，無非中道」便自然成為智者的重要觀法。這樣，園林的草、木、山、石、亭、榭、樓、閣對修行證悟的重要便可得知。在《妙法蓮華經・如來神力品》亦謂：

若經卷所住之處、若於園中、若於林中、若於樹下、若於僧坊、若白衣舍、若在殿堂、若山谷曠野，是中皆應起塔供養。所以者何？當知是處即是道場，諸佛於此得阿耨多羅三藐三菩提，諸佛於此轉於法輪，諸佛於此而般涅槃。

(五) 南蓮園池的「尚理」唐風

一九三二年古建築大師梁思成先生發表了一篇名為〈我們所知道的唐代佛寺與宮殿〉的文章，談到中國唐代以前的古建築實例是一片空白，只能循史籍及敦煌壁畫中去追尋。到了一九三七年六月，他與中國營造學社的一個調查隊，以敦煌第六十一窟的「五臺山圖」作為指南，終於在南台外豆村附近發現了當時唯一的唐朝木建築——建於八五七年的佛光寺東大殿。梁先生他們透過這座唐朝大木結構殿宇，與敦煌石窟中的淨土壁畫所繪的佛殿對照，得知畫中建築物是忠實描繪當時的佛寺建築，遂證明敦煌壁畫是研究古代木構建築的重要和可靠資料。

梁先生這種對古建築鍥而不捨追尋及保護的毅力，連帶對日本古都奈良及京都的古建築都作出保護，在二次大戰時於重慶便遊說美軍，成功阻止空襲兩地，並繪圖標示中、日兩地的重要古蹟，避免遭到轟炸。他對文化古蹟的熱忱，感召著不少後學，繼續努力地去保存中國各種古老建築。發現佛光寺六十年後，梁先生的精神竟然令到在南方香港的志蓮淨苑按敦煌一七二窟〈觀無量壽經變圖〉復建出一座唐式木構淨土寺院。六年後，更按唐代山西絳守居園池興建一座唐式古園池。

志蓮淨苑的唐式木構復建，是有其唐宋時代的歷史氛圍的，詳見《志蓮文化集刊》第十一期一七九至二一六頁拙文所述。當志蓮主持者在二〇〇三年與政府攜手在寺前建造一座園林時，自必希望能夠顯露一種唐代韻味於園林。造園者遂將唐代山西絳守居園池的精神，貫通在這個新園中，以期達到「與古為新」的理念。

絳守居園池始建於隋開皇十六年（五九六年），由正平令梁軌，引導絳州城西北二十五里鼓堆泉泉水，開渠灌溉田土，另引渠水入城內官衙，挖池蓄水，築堤建亭，廣植花木而成園池。到了唐代，絳守居園池踏入鼎盛期，在唐長慶三年（八二三年），博學多才的樊宗師任絳州刺史，就當時所見的園池景物，寫成〈絳守居園池記〉，並刻石銘記下來，志蓮便依此唐代文獻記錄，信而有徵地築建新園。

園林學者常以「動與天遊」來形容絳守居園池，喻其得天地之玄機。明代「曲之蘇辛」馮惟敏《上小樓．詠焦山郭次甫五岳遊囊六物》套曲謂：

想起那陰陽未剖，無聲無臭，俺子索妙契天機，靜與天居，動與天遊。因此上覽九州遍八陬，把興亡看透，端的是好山川，古今依舊。

那麼，南蓮園池如何去體現「靜與天居，動與天遊」的境界呢？這部分我們會在導賞的篇章中作出探析。

總括而言，中國園林是一種人文化成的性情展現，其特色是在於可遊可息。園林之可遊是表徵生命的無盡迴環；園林之能息是指歸生命的絕對安頓，此二者正好代表著中華民族在乾坤二道所開展的創生及保聚精神。所謂創生精神，便如《周易．乾象》謂：「天行健，君子以自強不息。」君子法天之健，故自強不息、努力奮進而永不言懈。而保聚精神則如《周易．坤象》言：「地勢坤，君子以厚德載物。」君子法地之柔順博大，故能容載萬物，德惠人群。此乾坤二道，乃我國人文精神的要粹，而園林的遊息亦正好蘊涵此二種大道。程兆熊在其〈中國造園藝術之特質〉中曾細說園林的遊息之道：

在中國造園上，「全」就是美，美是一個「全」，這有如花瓣裏的清露，暗夜裏的燈光，其一種圓相，就是美。我們說人性的美，說神的美，也正是因為人性的圓滿和神的圓滿，都是一種圓相。這圓相是一種不盡的迴環，絕對的安頓。真正說來，惟有不盡的迴環，才有所謂「遊」，惟有絕對的安頓，才有所謂「息」。

從可遊可息進至「大全」，自然與人文得到超越的交會，而在佛教修行實踐路上，「可息」便是「止」，「可遊」便是「觀」，可息可遊便如同修習禪定止觀，此種大乘禪法，又稱之為「宴坐」，是由禪定進而成就的「禪波羅蜜」。

大乘宴坐之禪法必須藉般若波羅蜜而得以落實無礙，在此種禪修的法門中，大乘行者是不捨道法而行凡夫事，故當我們在踏進南蓮園池的烏頭門後，觀察眼前的一樹、一花、一石、一山、一水，皆是念佛、念法、念僧的清淨開示，大自然的事物在人的道心安置下，皆轉成一種合全大全，令到人與宇宙之間相融無間，感應道交，整個園林就是一個道場，就是一個圓滿的曼荼羅！

中國建築界有諺云：「北有梁思成，南有馮紀忠。」梁思成透過敦煌壁畫來追尋我國唐代古建築，保護日本奈良、京都的古建寺院，令我們在中日兩地可以有實物古建作考察。機緣成熟，西北敦煌的淨土經變，竟可立體呈現在南方香城，可謂因緣不可思議！馮紀忠的「與古為新」的尊古而具新意的精神，正是南蓮園池以唐絳守居園池「唐人尚理」的境界貫徹成園的手法。

國家近時正倡行「一帶一路」經濟文化政策，志蓮的復建，正好是相應著此路帶的宗教文化平臺，在踏實往前的人文路上，梁、馮兩位先生的先導性啓發，實在令人銘感心中。

參考書目

●［梁］慧皎：《高僧傳》卷五「義解二」（湯用彤校注本，北京：中華書局，一九九七年）。

●［唐］道宣：《續高僧傳》（郭紹林校注，北京：中華書局，二〇一四年）。

●儀潤：《百丈叢林清規證義記》《卍續藏經》第一一一冊。

●《禪苑清規》卷十，《卍續藏經》一一一冊。

●張十慶：《五山十剎圖與南宋江南禪寺》（南京：東南大學出版社，二〇〇〇年）。

●［唐］李林甫等撰：《唐六典》（北京：中華書局，一九九二年）。

●［北魏］楊衒之著、范祥雍校注：《洛陽伽藍記》（上海：上海古籍出版社，一九九八年）。

●鎌田茂雄：《中國の佛教儀禮》（東京：大藏出版株式會社，一九三七年）。

●賴富本弘：〈喇嘛教美術的特色〉一文，載於《世界佛學名著譯叢》第七十五冊《西藏密教研究》，台北：華宇出版社，二〇一〇年。

●權田雷斧述、王弘願譯：《曼荼羅通解》第一章第六節，載《海潮音文庫》第十冊，台北：新文豐出版有限公司。

●清水乞、杉浦康平等：《曼荼羅的世界》（唵阿吽出版社有限公司，一九九〇年）。

●呂澂：《呂澂佛學論著選集》（山東：齊魯書社，一九九一年）。

●吳立民、韓金科：《法門寺地宮唐密曼荼羅之研究》（香港：中國佛教文化出版有限公司，一九九八年）。

●（泰）佛使比丘：《法的社會主義》（嘉義：香光書鄉出版社，二〇〇六年）。

●馮紀忠：〈人與自然——從比較園林史看建築發展趨勢〉《中國園林》，一九九〇年，頁三九至四六）。

●周維權：《中國古典園林史》（北京：清華大學出版社，一九九九年）。

●趙冰主編：《馮紀忠和方塔園》（北京：中國建築工業出版社，二〇〇七年）。

●曹林娣、許金生：《中日古典園林文化比較》（北京：中國建築工業出版社，二〇〇九年）。

●吳甿：《實證與唯心》下冊（香港：經要出版社有限公司，二〇〇一年）。

●侯迺慧：《宋代園林及其生活文化》（臺北：三民書局，二〇一〇年）。

●程兆熊：《論中國庭園花木》（臺北：明文書局，二〇一〇年）。

●藍吉富：《世界佛學名著譯叢（第四十一冊）》（臺北：華宇出版社，二〇一〇年）。

●《中國營造學社滙刊》第三卷，第一期。

●Sangharakshita: Transforming Self & World, Windhorse publication

導賞——香港志蓮淨苑及南蓮園池

近代精擅園林藝術的學者程兆熊先生曾說：

我國生命之學，性情之教與夫叢林之慧，結合為一，當必如《易繫辭》所云：「精義入神，以致用也；利用安身，以崇德也。過此以往，未之或知也。窮神知化，德之盛也。」

八十多年前，志蓮開山祖覺一、葦菴二師熱心佛教與中國文化，對土瓜灣、鑽石山一帶之唐宋文化氛圍十分重視，極欲在此地尋覓一福地建寺弘法，推動生命之學、性情之教與叢林之慧。一九三四年得到陳七居士的支持，捨其在鑽石山上元嶺之花園別墅，二師遂將別墅改建，作為女眾修行叢林，創立了志蓮淨苑。及後更與護法及大德成立董事局，完善叢林管理，奠定十方女眾叢林的基礎。

隨著中日戰爭爆發，香港淪陷及戰後蕭條，志蓮為應社會需求，建立義學、孤兒院、安老院，及後又建立圖書館等。至上世紀八十年代，香港政府為建設九龍至新界第二條行車隧道，遂開始整頓鑽石山寮屋，重新建設社區，志蓮亦乘此因緣，重建安老院及復建一座唐式木構寺院及園林。

志蓮的重建者有感土瓜灣、鑽石山一帶在唐宋時期具有豐富的文化氛圍，於是搜集資料、考察中國與日本的唐代寺院，選定敦煌一七二窟晚唐〈觀無量壽佛經變圖〉作為藍本，按唐代木構建築方式，復建一座晚唐風格木構淨土佛寺，於一九九七年丁丑臘月落成，作為香港回歸祖國的一種文化復歸表徵，重新將香港文化追溯至大唐盛世。更於二〇〇六年與政府攜手合作在寺前建造一座依唐代絳守居為藍本的古典園池，在為居民提供幽靜舒適的休憩環境的同時，令大眾對唐代園林文化有所認識。這一次文化的回歸，無疑將西北敦煌佛教文化重投在南方香港志蓮淨土。至二〇一二年十一月十七日志蓮及南蓮被國家納入於「中國世界文化遺產預備名單」。

志蓮南蓮唐式佛寺及園池

◎整體園林鳥瞰

烏頭門

南蓮的地形是東西長，南北短。由於道路的規制，南蓮須以西邊為入口。為了阻隔天橋汽車的噪音，在入口處設計一塊影壁，令大眾通過影壁便感到清靜舒適。

「烏頭門」是園池的大門，在唐代只有官階在五品以上才可以建立烏頭門。

南蓮此門，造型參照敦煌壁畫，兩條立柱，柱頂以蓮花為飾，深烏橫額上襯以日月及雲紋圖案，其他部分配以唐蝠鼠紋及草紋，令唐代法制序列顯現清明。

甫入烏頭門，眼前便是由九塊大青石組合而成的宇宙縮影。這正是唐宋園林所開展的「師法自然，摹寫情景」的境界，也正是馮惟敏所言「靜與天居，動與天遊。因此上覽九州遍八阪，把興亡看透」的妙契天機。遊人進園見此九山垂象，便會思及園池是要帶領大眾觀宇宙的德化，人文的巧成。

九山八海

在烏頭門信步而行，左面羅漢松當道，這正是唐人園林的常木。松樹象徵永恒，就像華夏子孫稱為「唐人」的普遍性。

南蓮園池全園以羅漢松為主要樹木，就是要將松樹的正直理性，不容虛矯的精神貫通著全園，加上配以廣西紅河的彩陶石，更顯唐人置石植松的風尚。

羅漢松之間的海雲石，為園中第二巨石，表徵智慧如海。

海雲石

圓滿閣、羅漢山

海雲石的對面就是圓滿閣及羅漢山。圓滿閣位處南北及東西兩大中軸線交會點，象徵修行者循縱貫軸線歷史長河的精進修行，至此閣達於圓滿，再藉午橋迴向給九山八海一切眾生。圓滿閣又是由西至東水道橫軸線的起點，將百川匯流於蒼塘。印度人認為，兩條中軸線的交會，必是神聖的顯現，因此此金閣也是一座輪圓具足的曼荼羅。整座圓滿閣及子午橋正貫通著唐代園林的流動意象。

香海軒

香海軒位於園池南方，背靠香山，漫山香樹，有桂花、百合、九里香等，香氣瀰漫，故名「香海軒」。軒內引入了中國四合院的建築特色，包括迴廊、中庭的佈局，平日可用作展覽及其他傳統文化藝術推廣的平臺。在佛教，香海軒可以表徵嚴持戒律之功德香氣。

茶興於唐而盛於宋，品茶最佳的地方就是在園林。園林具備了喝茶的多種條件，如活水溪泉、自研茶葉、花卉添香等，又集合園林各種色、聲、香、味、觸的不同層次，令大眾在園林品茶有著不同的境界。

南蓮松茶榭設於蒼塘水榭之旁，是四合院形式的木結構唐式庭園建築，集合視覺、嗅覺、味覺及神思之美於一體。松茶榭為使品茶者更能體會唐人茶席的境界，更以志蓮開發的茶山窰燒製的秘色青瓷作為茶具，這種青瓷正是唐代陸羽最推崇的品茗茶具。在松茶榭以秘色青瓷，配以自家精製之巖茶及普洱，更見唐風宋韻的神思。

蒼塘、松茶樹

榆山

在蒼塘、松茶樹旁邊有榆山，種滿了榆樹，榆樹象徵光明和智慧。

在松茶榭的中庭豎立了一塊巨石——須彌石，代表須彌山，即印度傳說中的世界中心。旁邊保留了原地的石塊——地主石，代表中國人不忘本的文化，原地石彰顯報恩精神。

須彌石

唐代園林建築，很重視樓臺。在南蓮園池東面有一座「龍門樓」供大眾品嚐精美素餐。樓前的植物，是一種「掩景」的造園手法，營造出清幽靜態的園林景致。

有關樓的建築，在明清已經少見，南蓮建造這座龍門樓，配以銀帶瀑布，蒼塘之水奔於山上川流不息，以示精勤，令園中的唐韻盡展。

龍門樓銀帶瀑布

青龍山

青龍山坐落於松茶榭及龍門樓之間，山上的置石是按照東方天上蒼龍七宿（角、亢、氐、房、心、尾、箕）的佈局而命名，是一種天人合一的意象。二千五百多年前，佛陀夜睹明星而悟道，那顆「菩提之星」正與氐宿有著一種不可思議的關聯。

石館

石館位於唐風小築旁，置有多塊廣西紅河彩陶石，遊園者可親觸這些生成於二疊紀（約二億六千萬年前）的硅質岩石。

不動石為園中最大之置石，重九十噸，一半露出地面，另一半藏在泥土之中，表徵無可撼動的慈悲心。

不動石

在整個南蓮園池作迴遊式遊覽後，遊人可在琴心齋旁拾級而上，經過平橋，進入志蓮淨苑山門。面對志蓮山門及其坐落的山脈，便如王安石〈遊天童寺〉詠詩：「**二十里松行欲盡，青山捧出梵王宮**。」的氣象。山門又稱「三門」，表徵智慧慈悲方便三解脫門。

志蓮山門

天王殿蓮花池

越過山門，便來到寺院第一進天王殿蓮花池。蓮花是佛教的正法之花，四個蓮花池依照〈淨土經變圖〉中阿彌陀佛淨土的七寶池和八功德水設計，喻人心淨化，依法修行。

穿過蓮花池，眼前便見唐代一七二窟「觀無量壽經變」的立體顯現。天王殿與鐘、鼓二樓正是鳳凰展翅式的雙樓一殿式建築，加上殿前一對「佛頂尊勝陀羅尼」漢白玉經幢，整個唐式寺院風範歷歷眼前。

雙樓一殿

漢白玉尊勝咒經幢

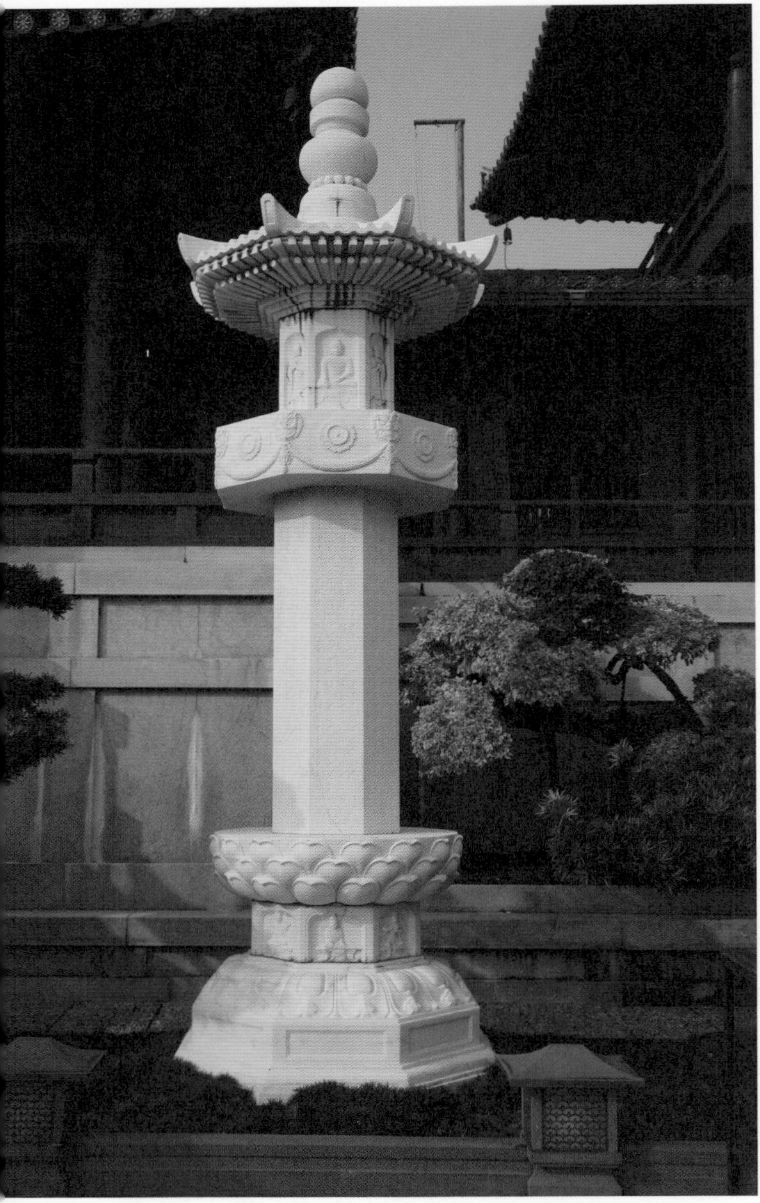

天王殿前一對「佛頂尊勝陀羅尼」漢白玉經幢，分別以唐朝悉曇字母及漢字音譯刻石，加庇眾生福慧。

鴟尾

天王殿及丹墀大雄殿正脊兩端，置有一對唐式鴟尾。鴟尾本是按印度傳入的天上十二宮之「摩羯羅宮」的形象而設計成為宮殿避火災的厭勝製作。

鴟尾雖是由印度天文星宮圖像傳入，但來到中國後，卻成為日後宮殿、寺觀的一種重要祥瑞符徵。鴟尾在唐末漸漸演變成鴟吻，以龍或魚之口啣著殿頂正脊。可見志蓮大殿上的鴟尾，正是將唐代的大木建築精神貫通著。

志蓮大雄殿

位於第二進丹墀殿堂，右有藥師殿表東方般若如如不動智慧力量，左邊觀音殿表西方華藏莊嚴極樂淨土，大雄殿居中以表般若智慧與無盡慈悲雙運。

鳴謝志蓮淨苑合辦講座、提供場地、導賞及照片。

了解佛教

責任編輯　周怡玲
書籍設計　麥繁桁
作者　趙國森、趙敬邦、覺泰法師、李葛夫

出版　三聯書店（香港）有限公司
香港北角英皇道四九九號北角工業大廈二十樓
Joint Publishing (H.K.) Co., Ltd.
20/F., North Point Industrial Building,
499 King's Road, North Point, Hong Kong
香港發行　香港聯合書刊物流有限公司
香港新界大埔汀麗路三十六號三字樓
印刷　美雅印刷製本有限公司
香港九龍觀塘榮業街六號四樓A室
版次　二〇一九年五月香港第一版第一次印刷
規格　特十六開（150mm x 210mm）一八四面
國際書號　ISBN 978-962-04-4479-1

三聯書店
http://jointpublishing.com

JPBooks.Plus
http://jpbooks.plus